a joyful confusion

Victor Boullet

The Journey of the Unforgiven

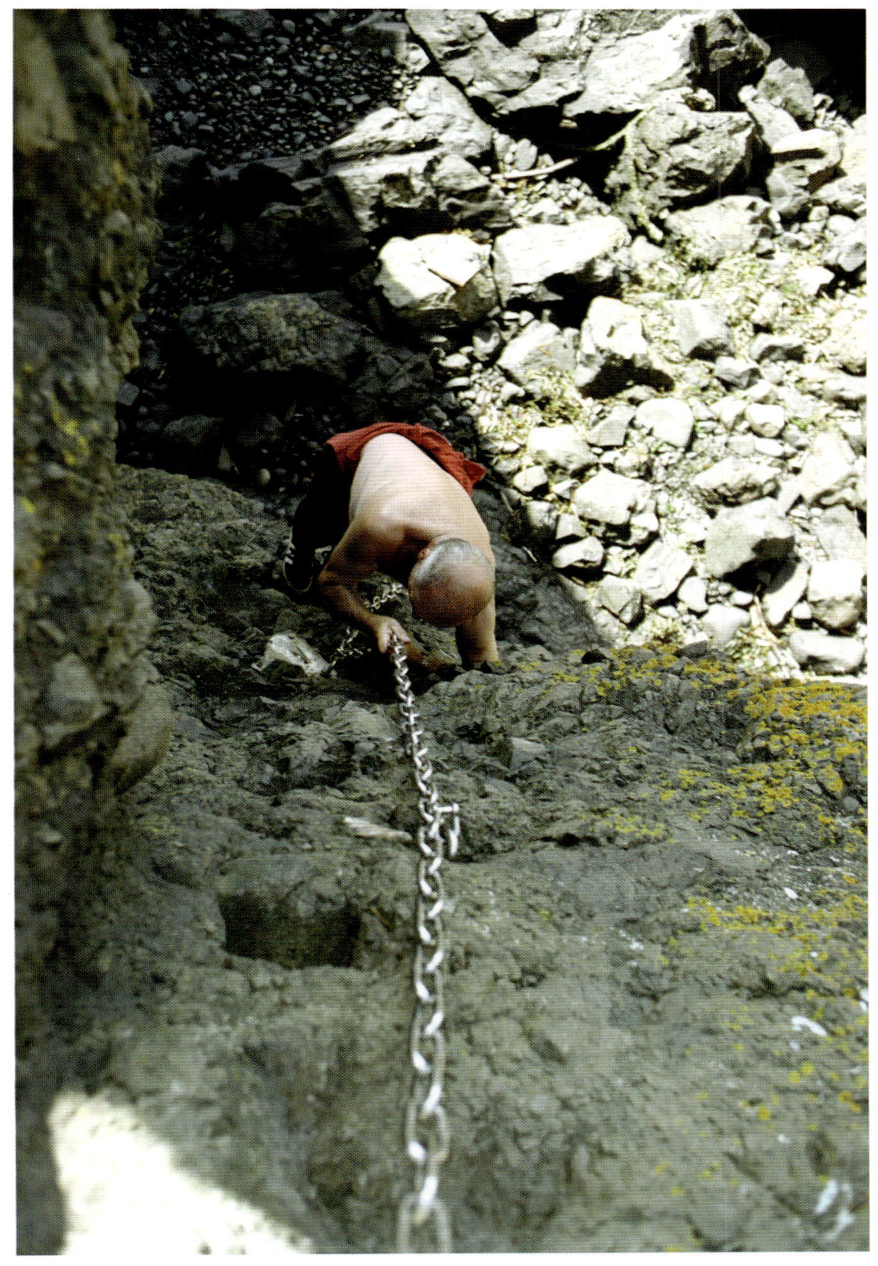

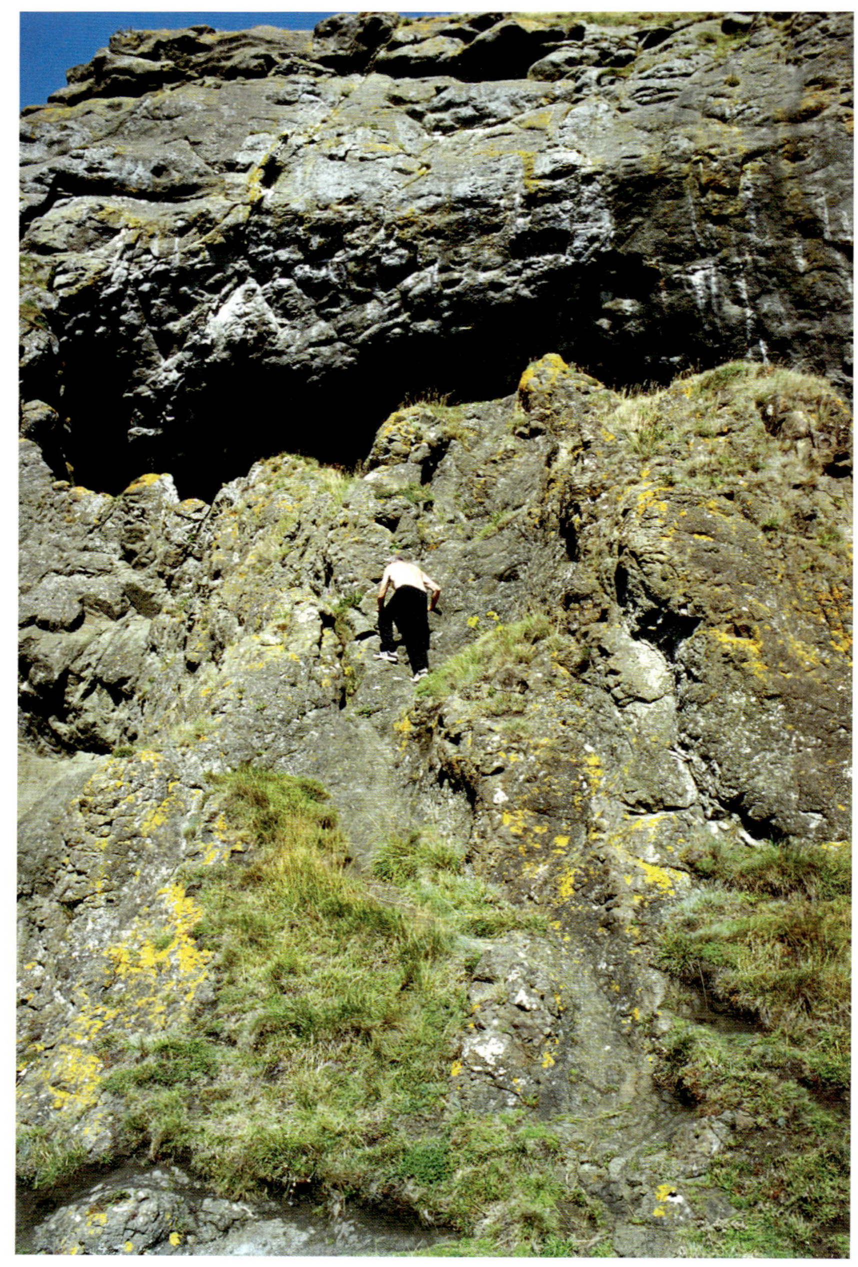

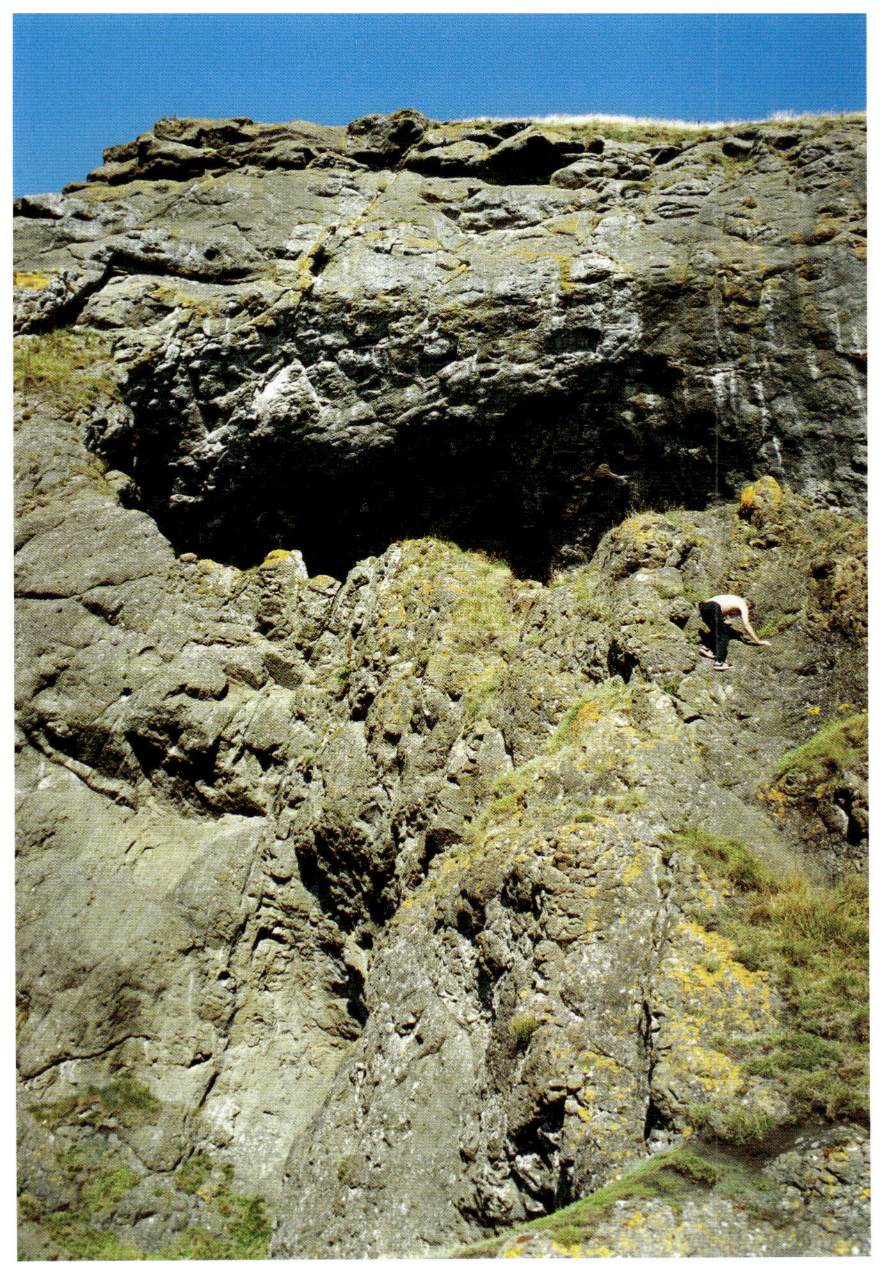

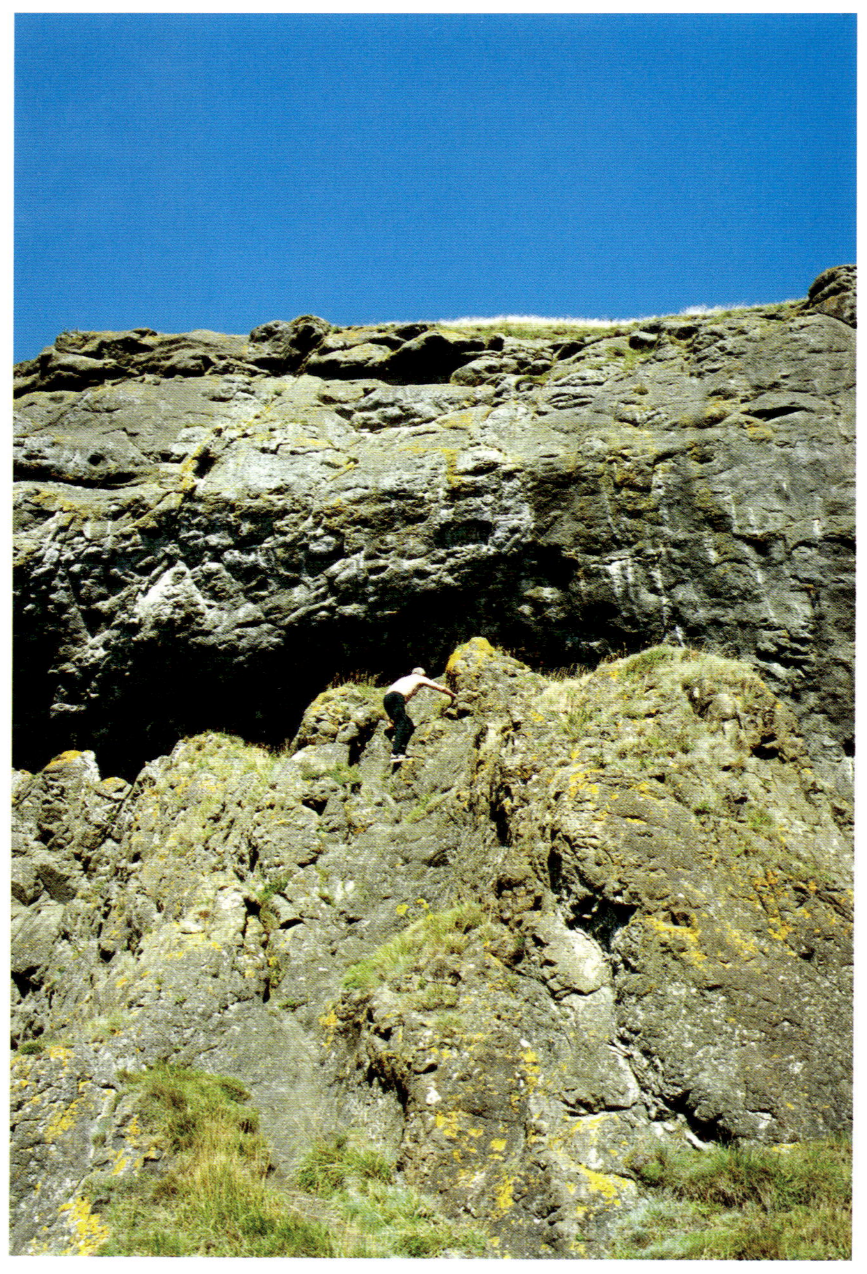

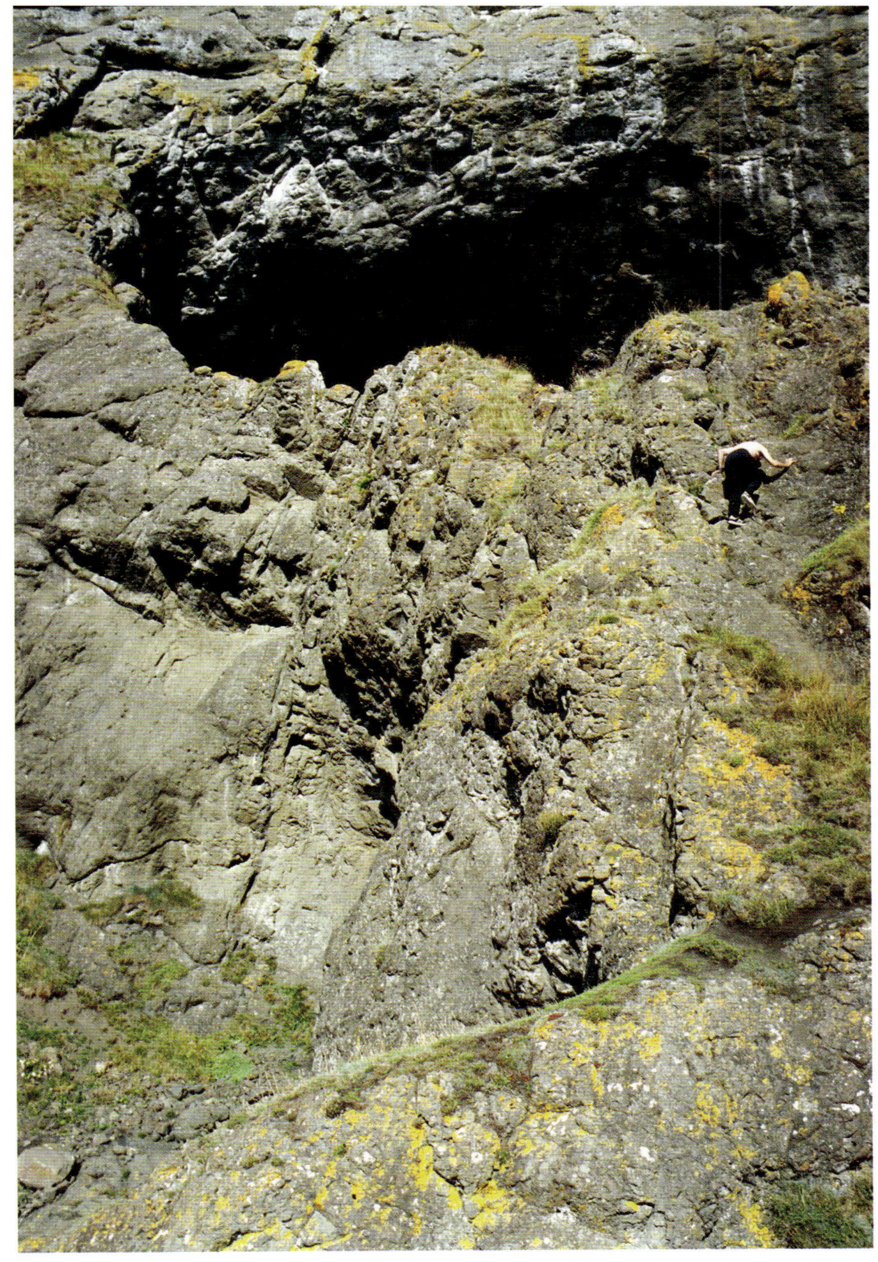

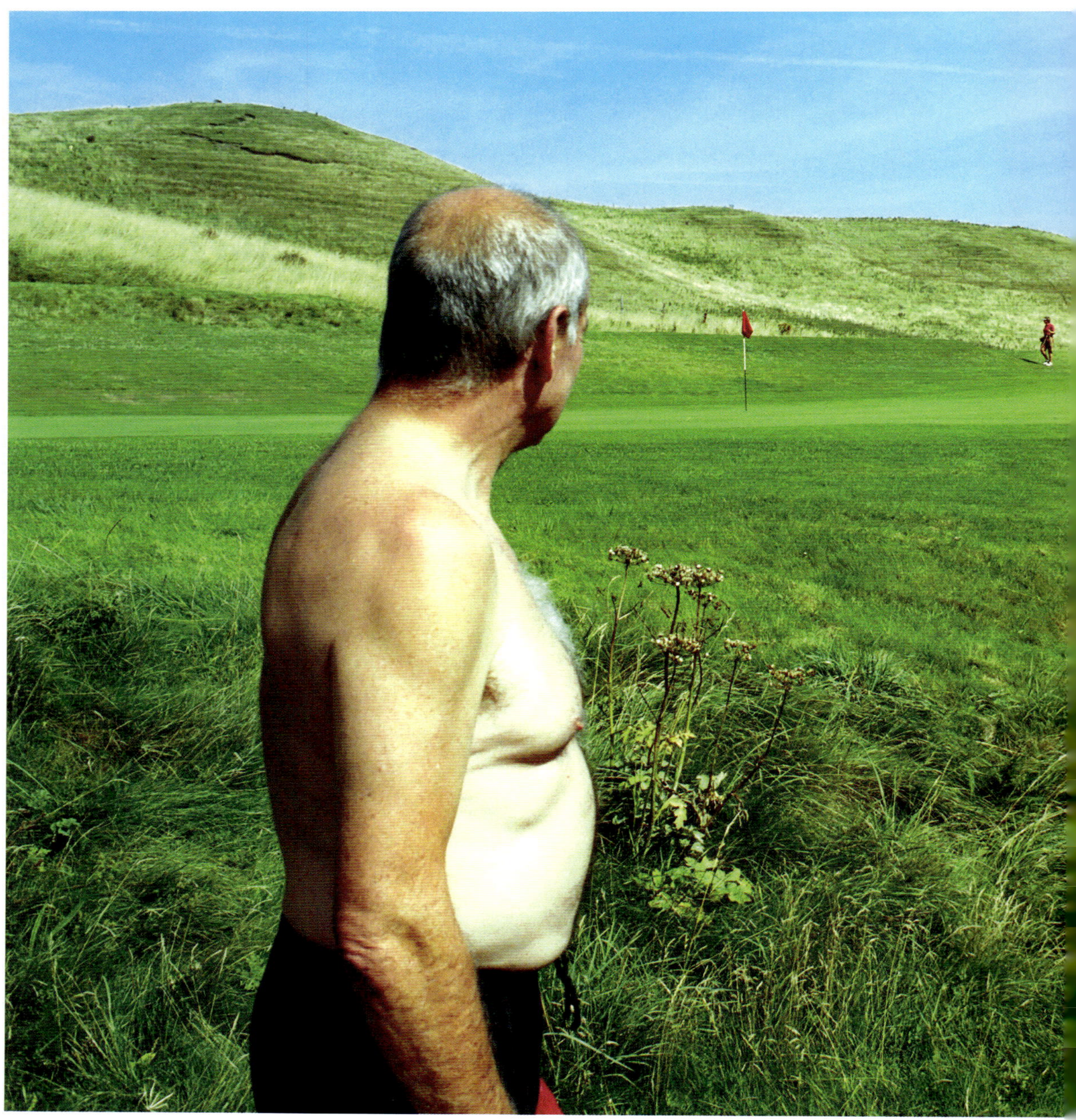

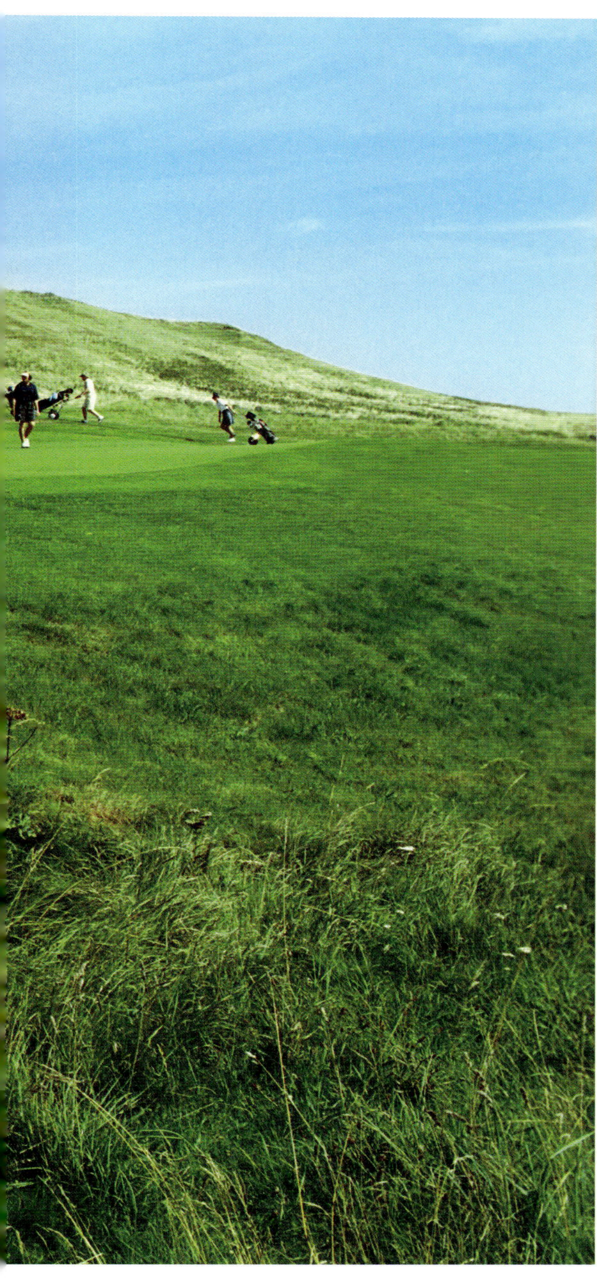

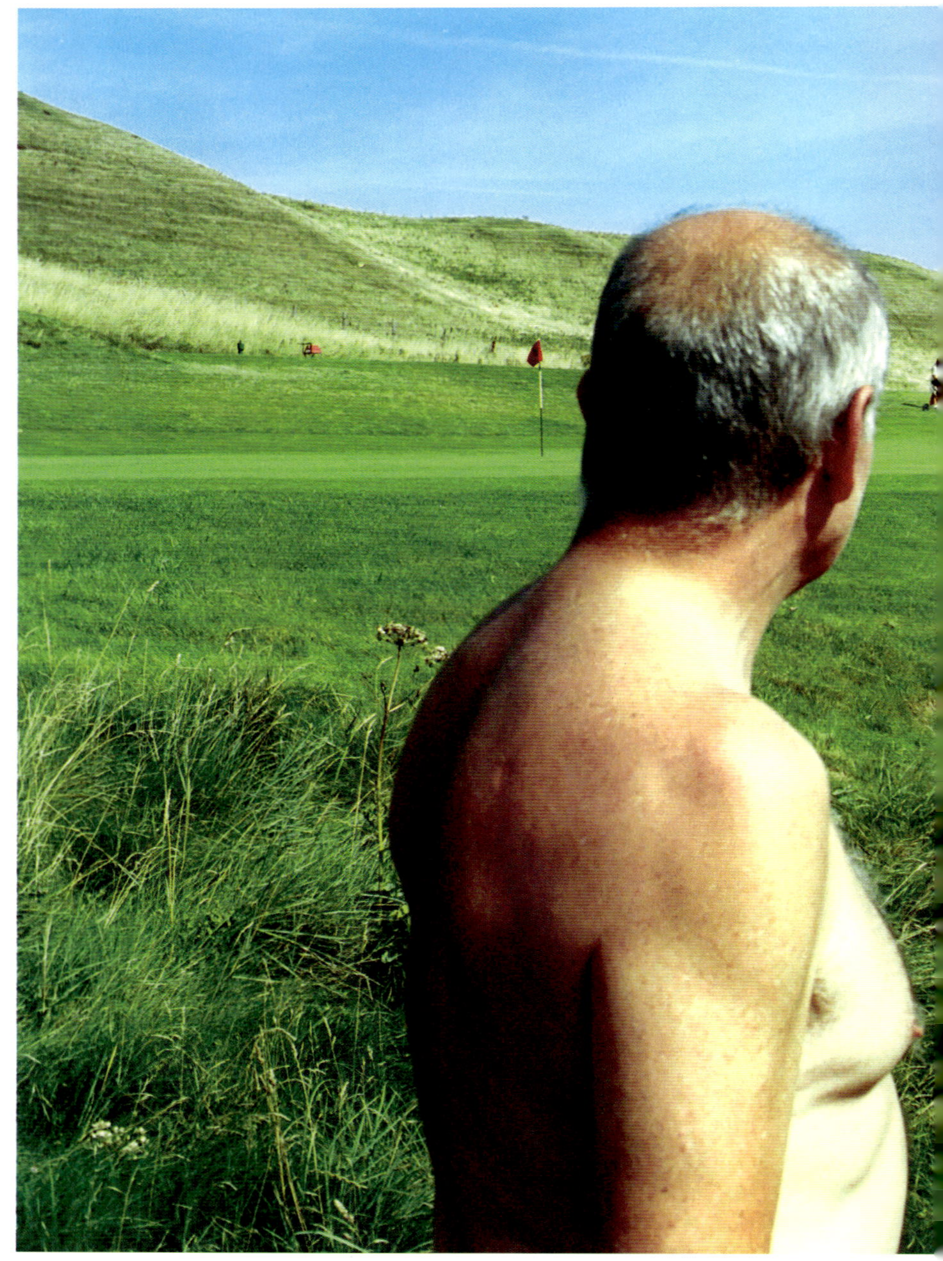

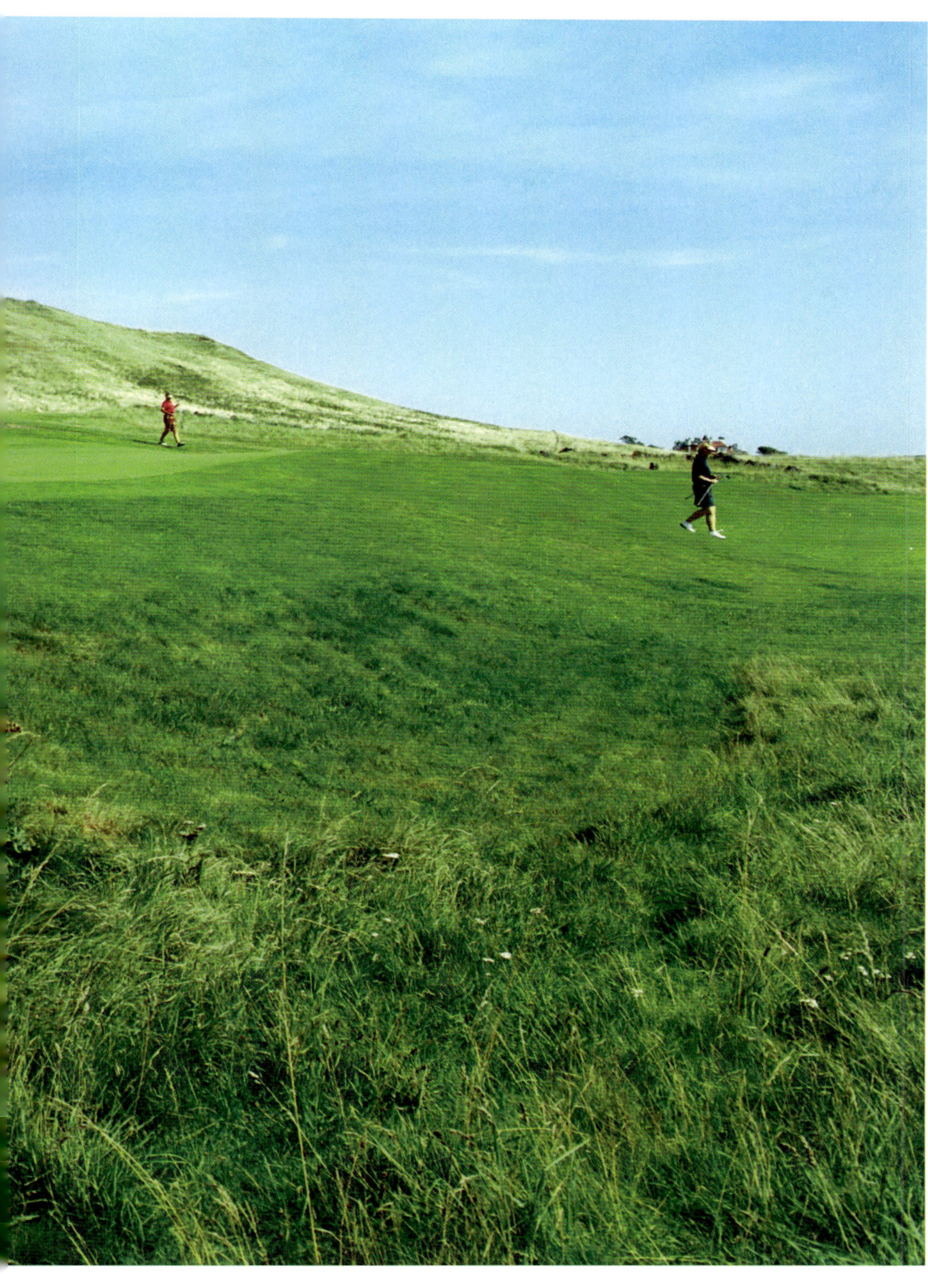

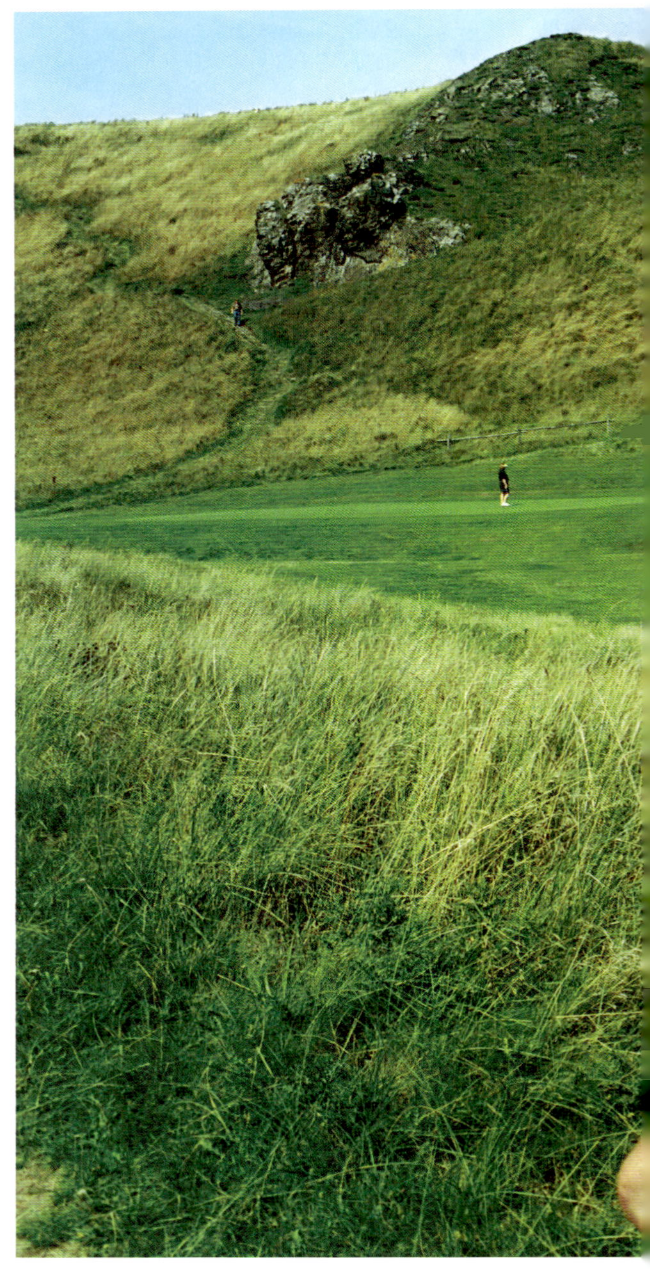

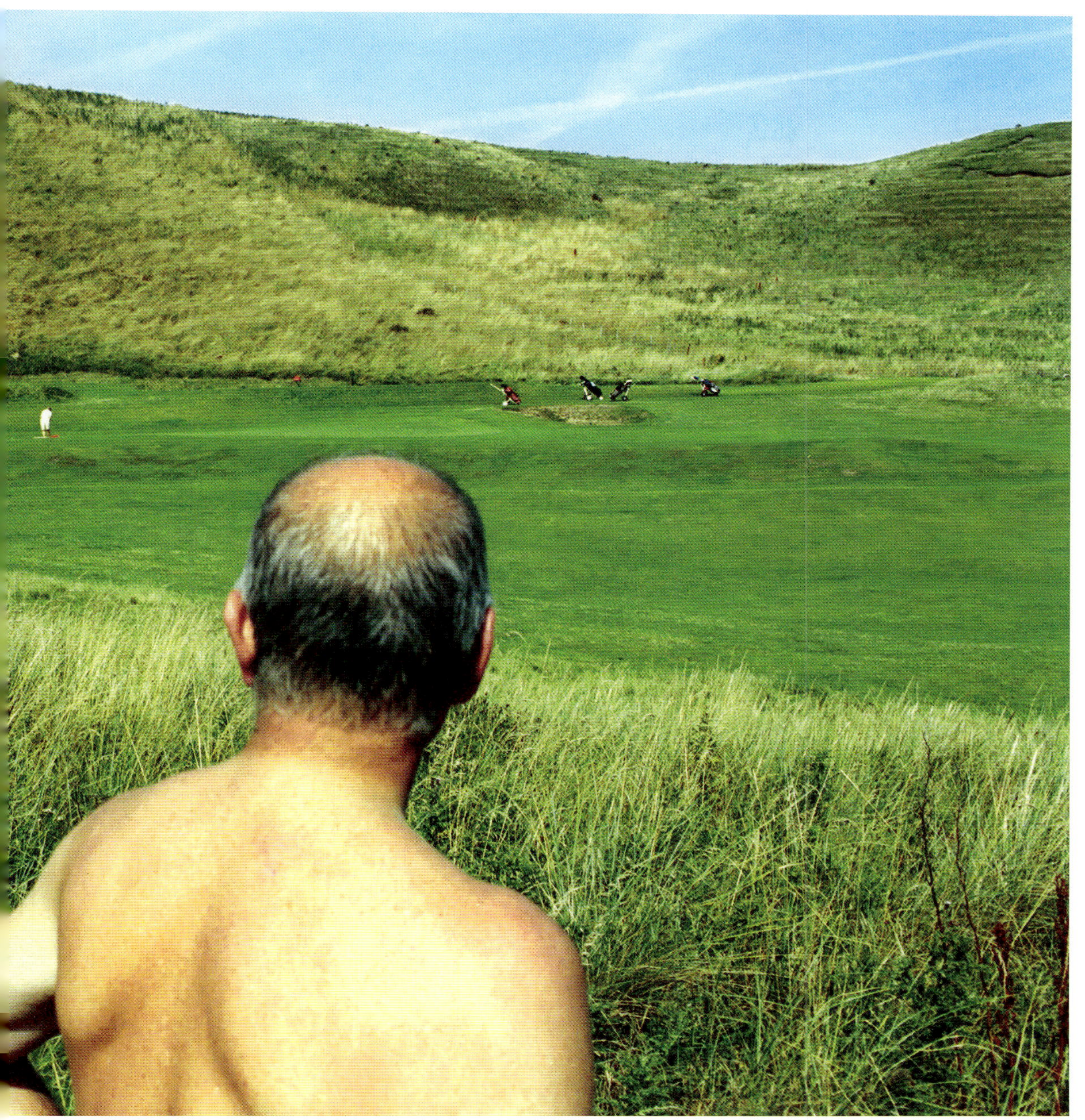

Shadow Seeker

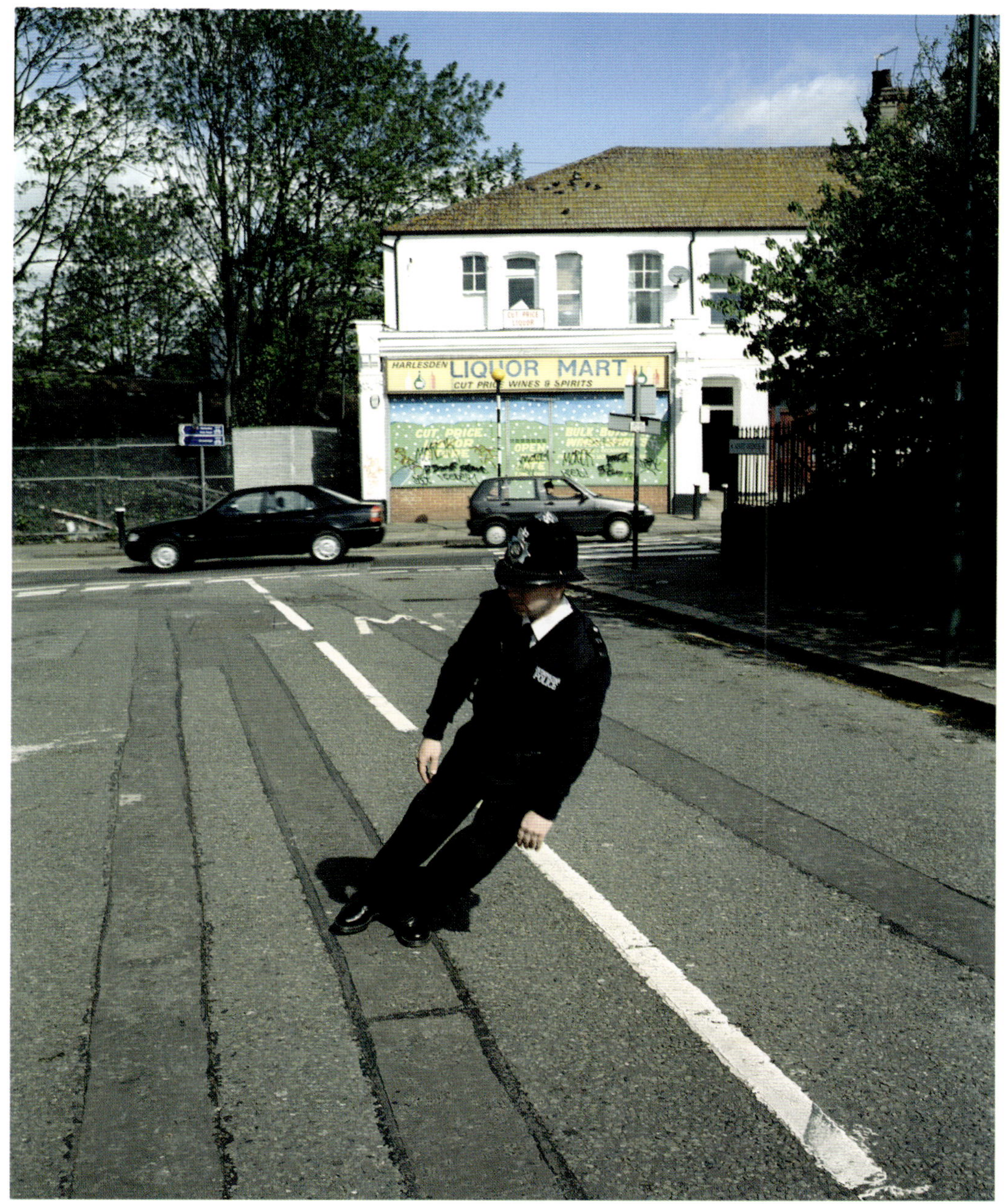
HARLESDEN LIQUOR MART
CUT PRICE WINES & SPIRITS

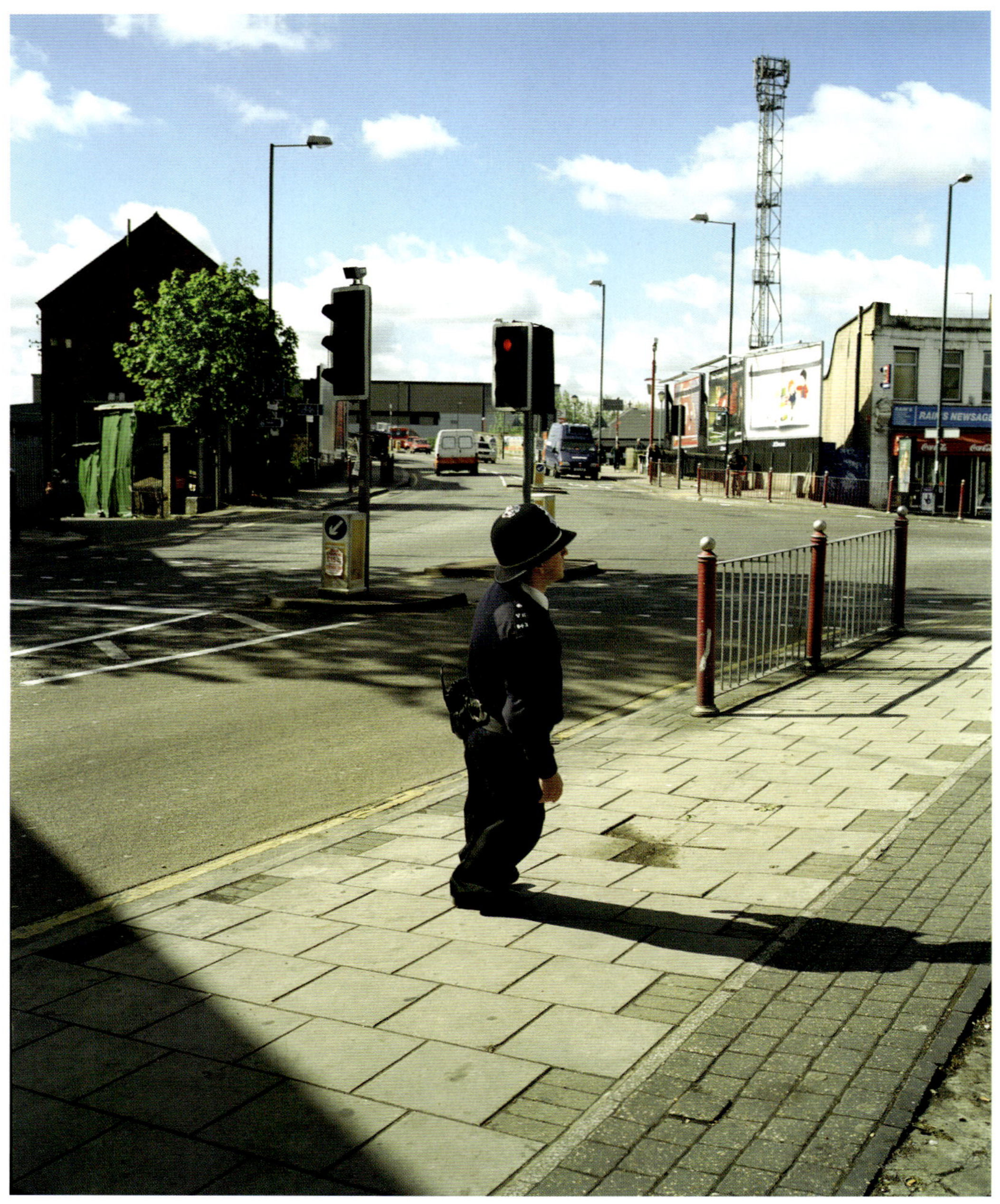

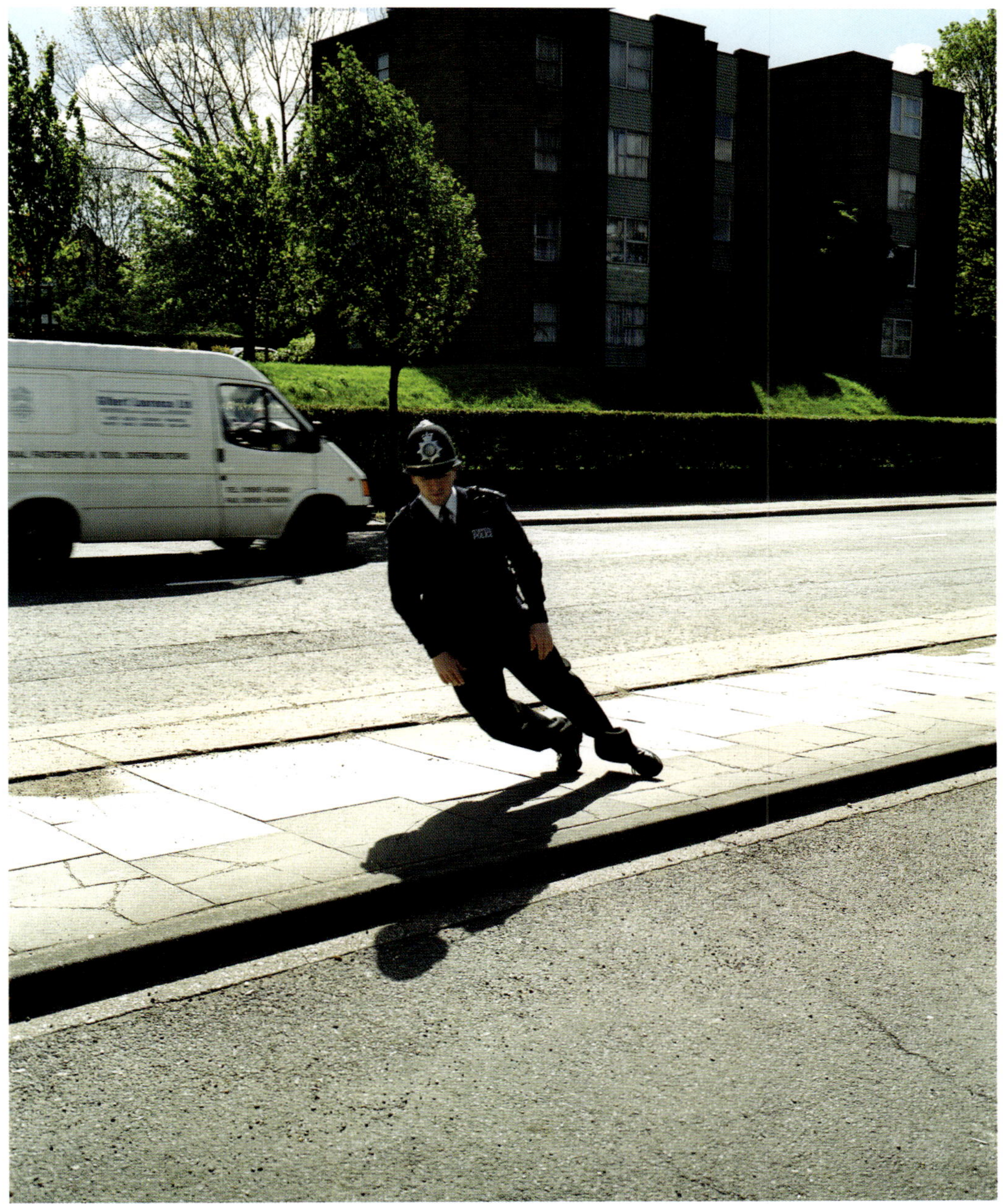

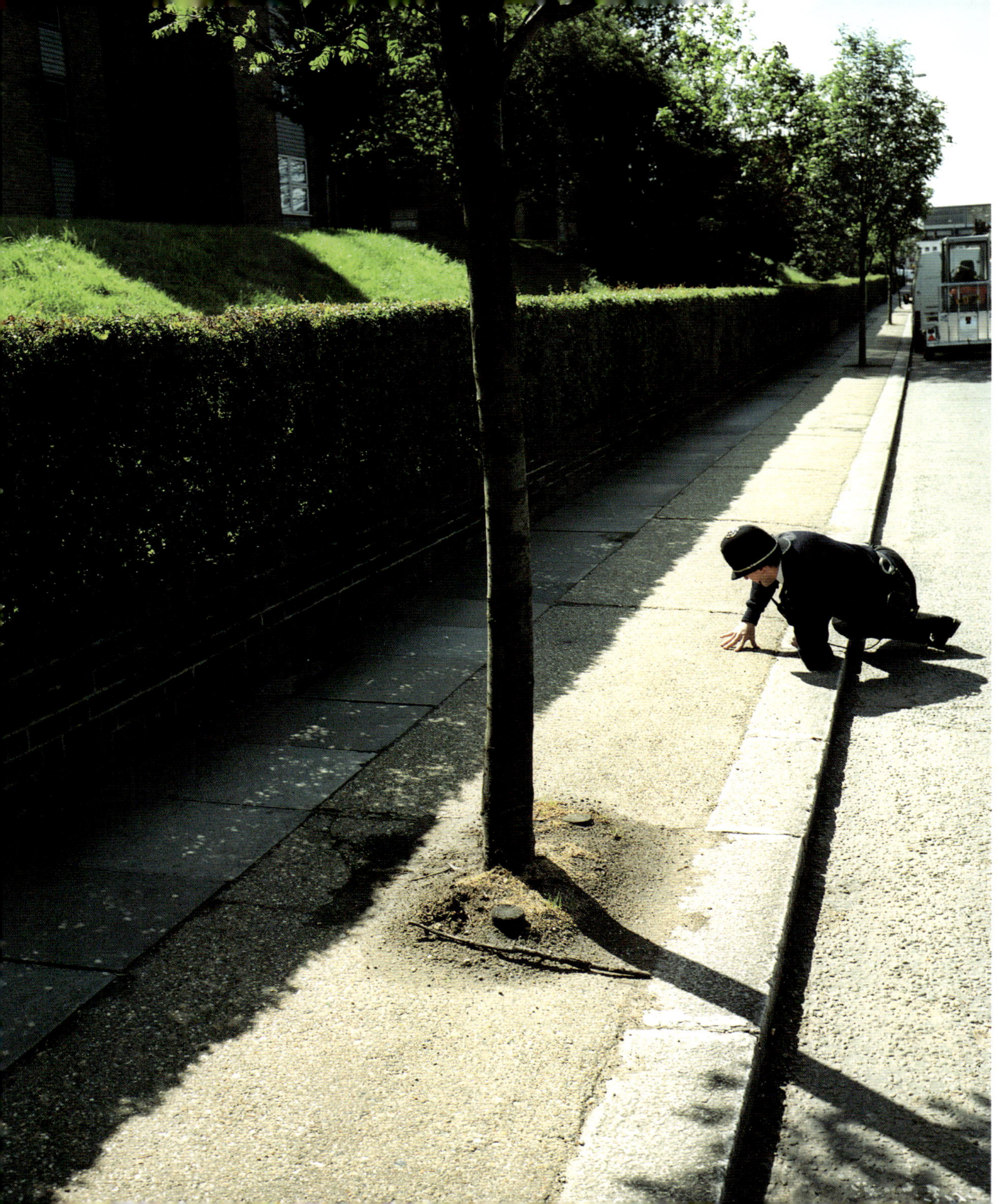

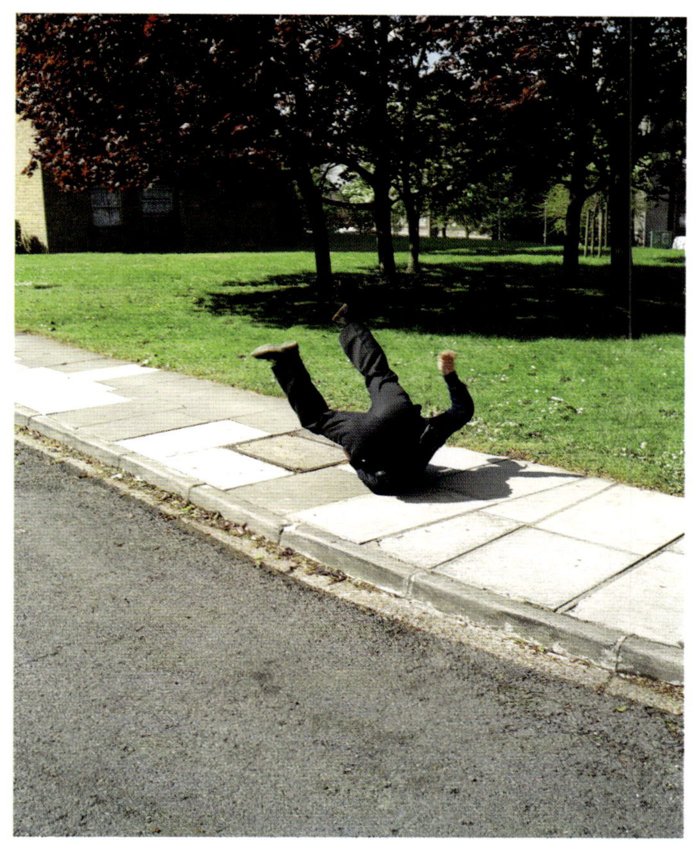

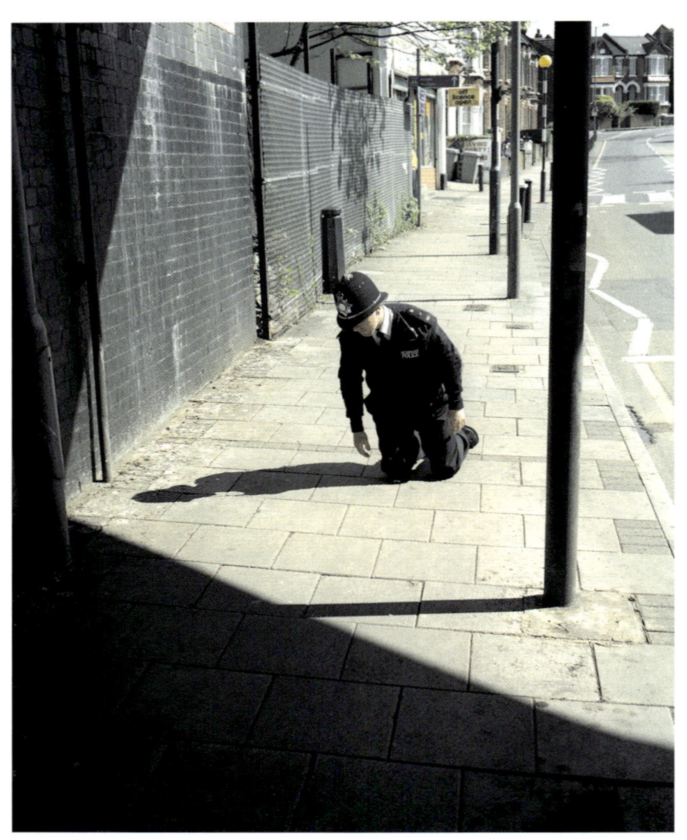
off licence open

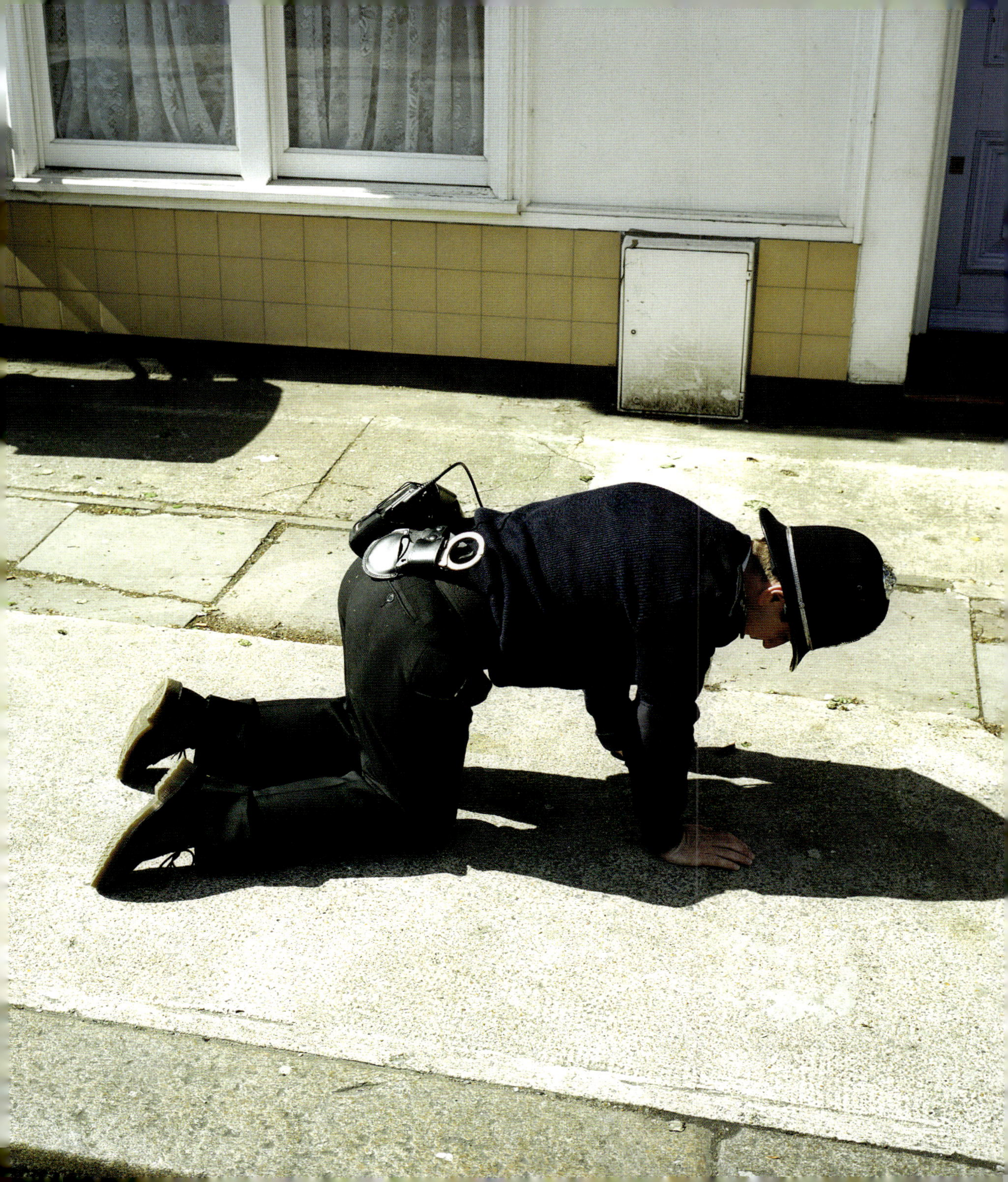

Be a Jew

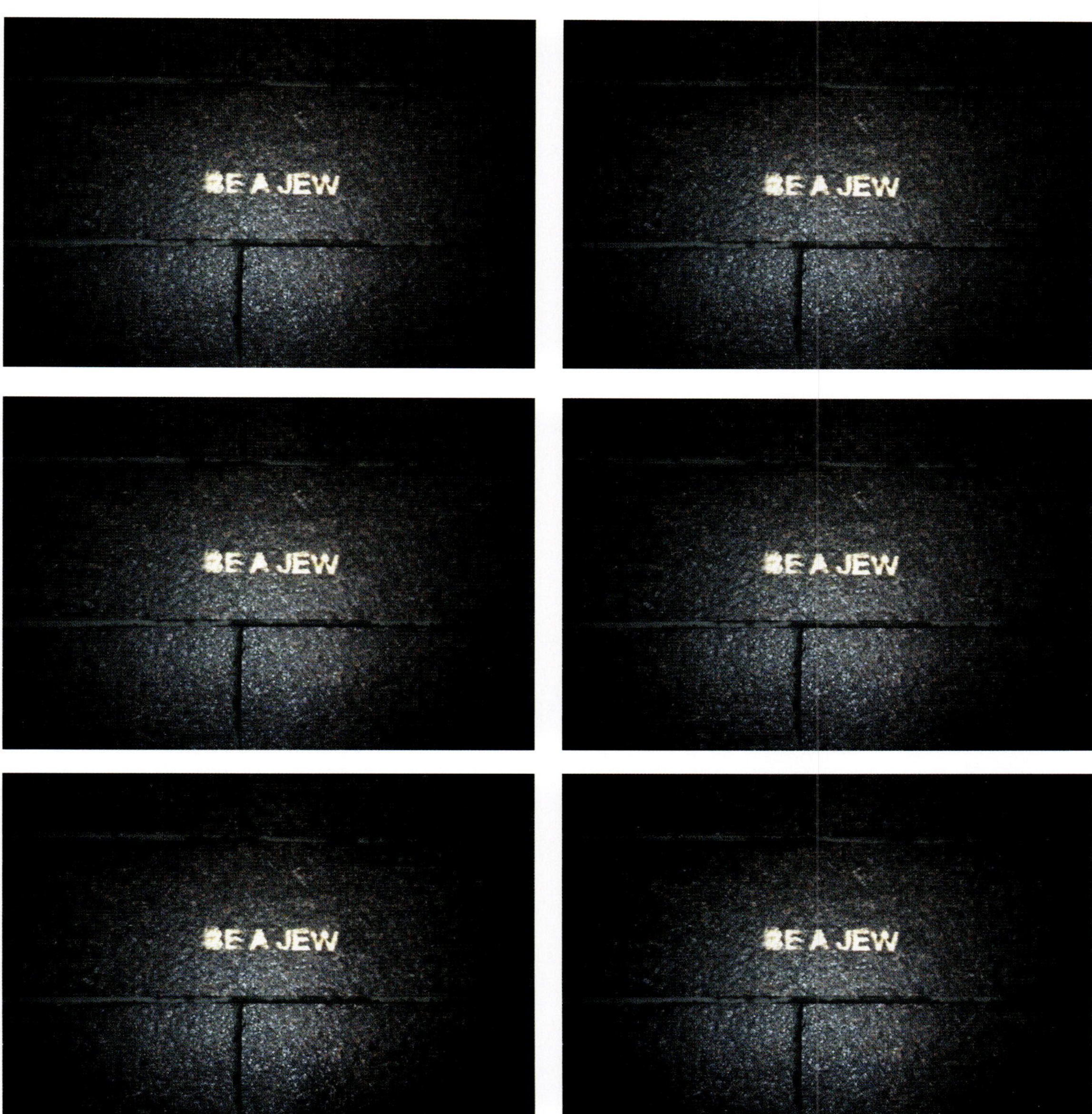
BE A JEW
BE A JEW
BE A JEW
BE A JEW
BE A JEW
BE A JEW

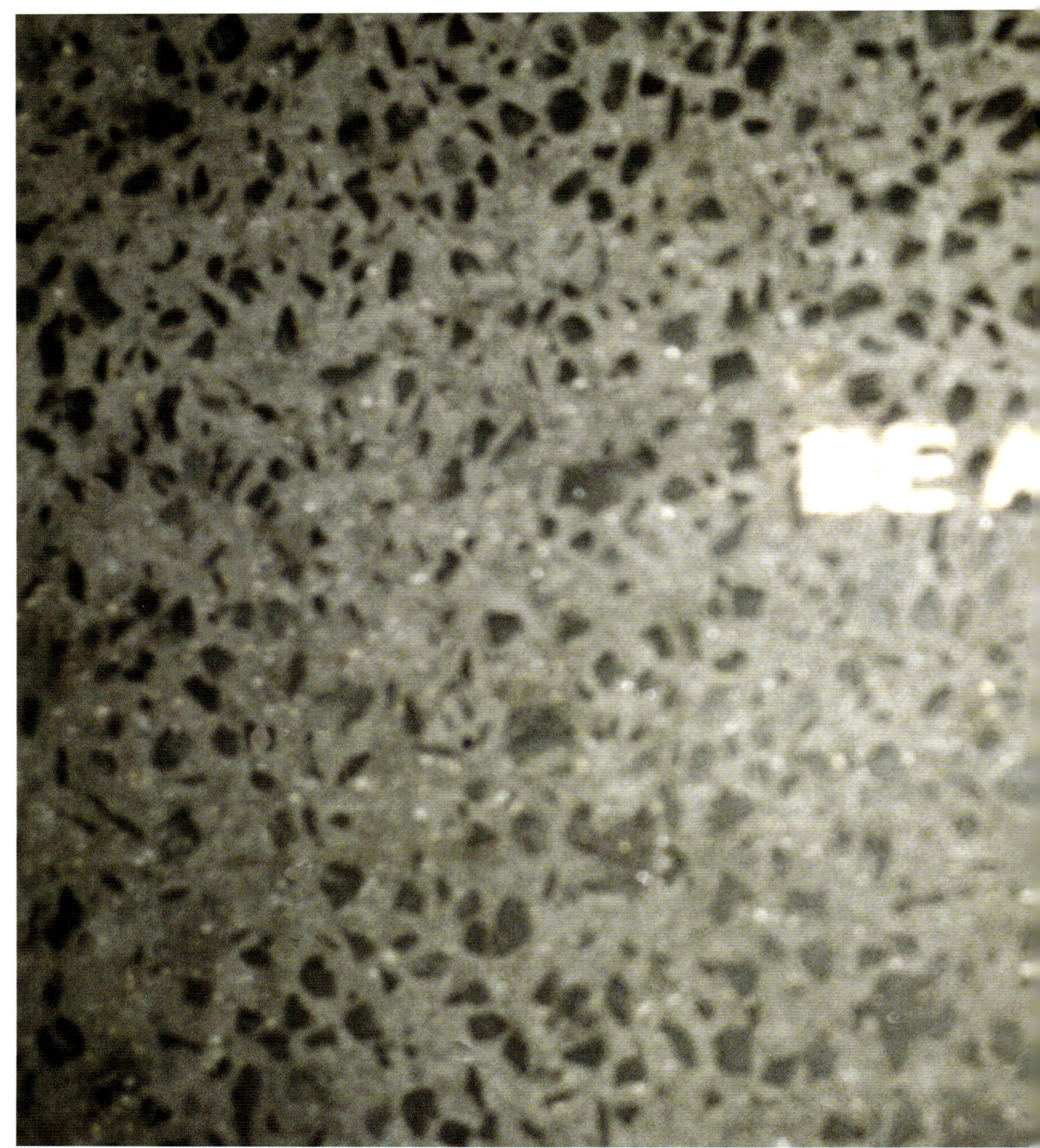

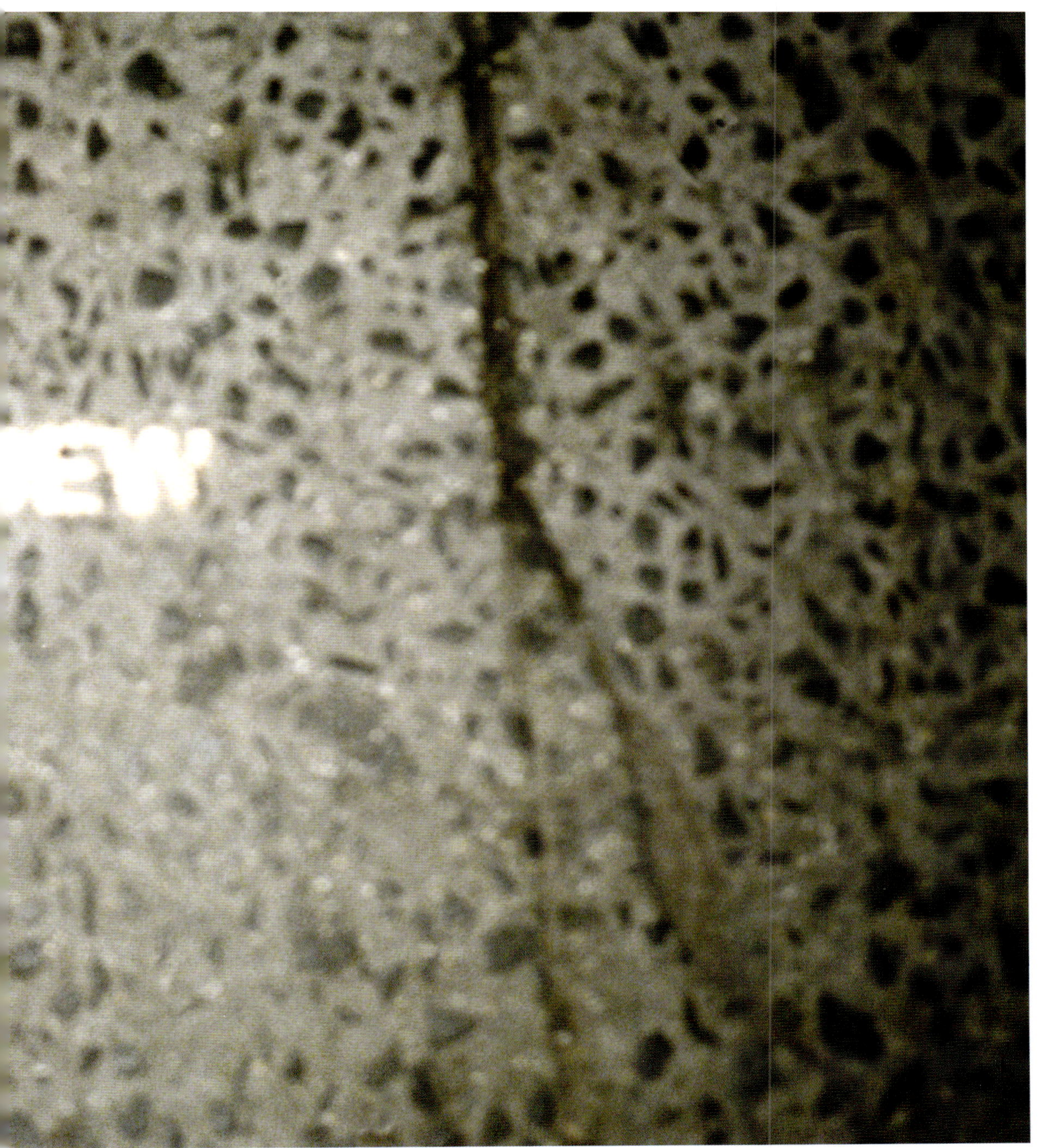

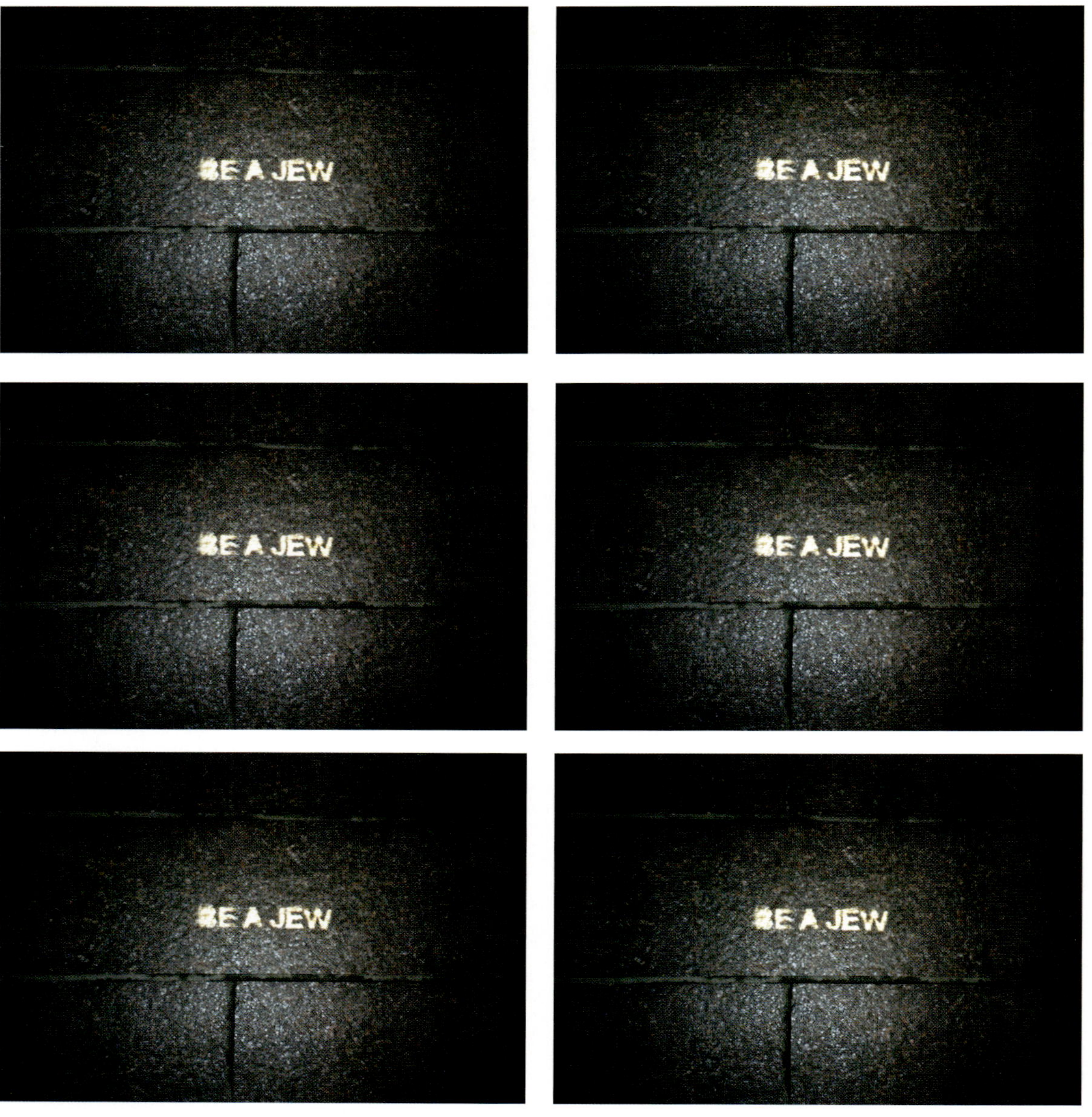
BE A JEW
BE A JEW
BE A JEW
BE A JEW
BE A JEW
BE A JEW

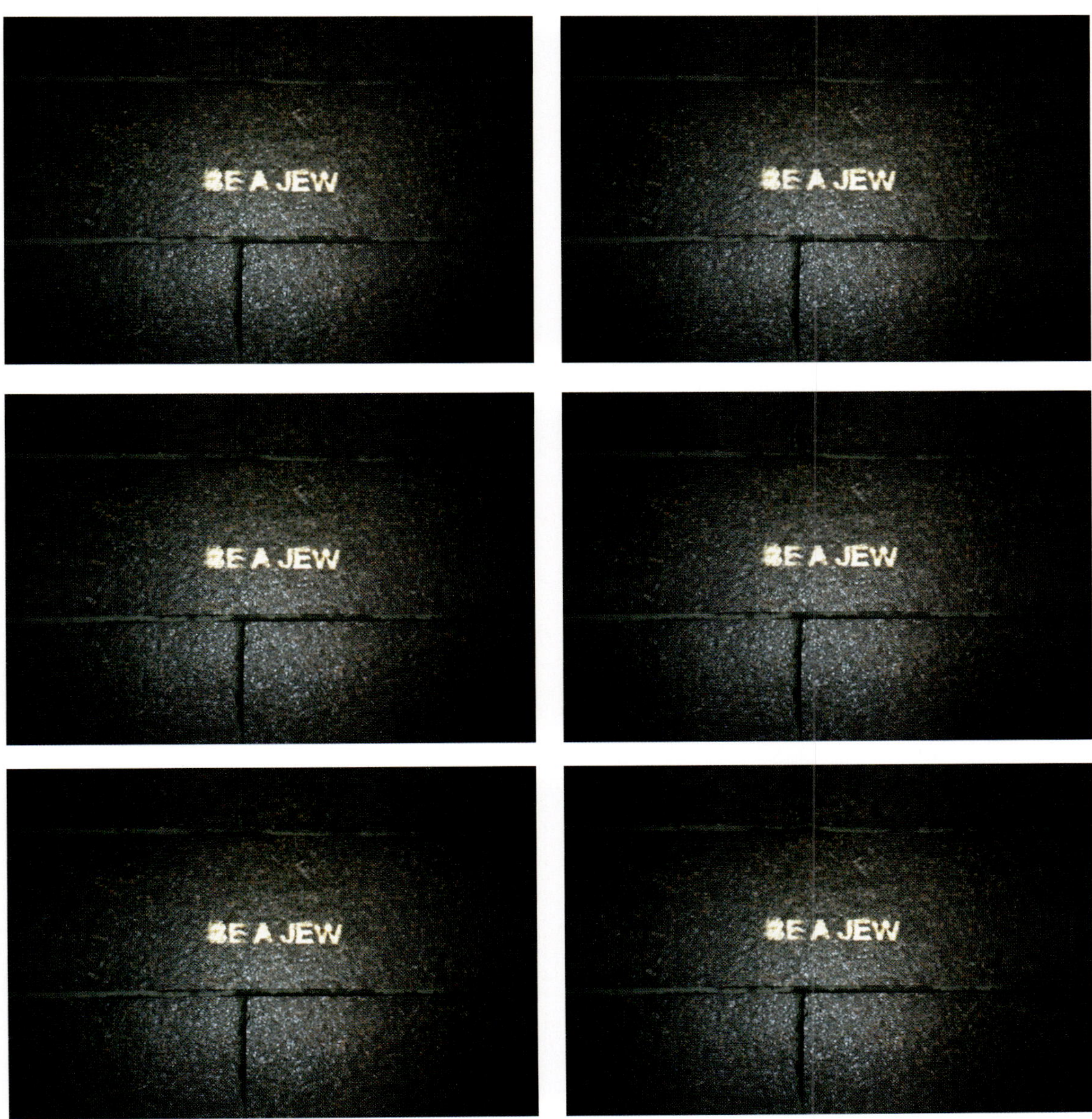
BE A JEW
BE A JEW
BE A JEW
BE A JEW
BE A JEW
BE A JEW

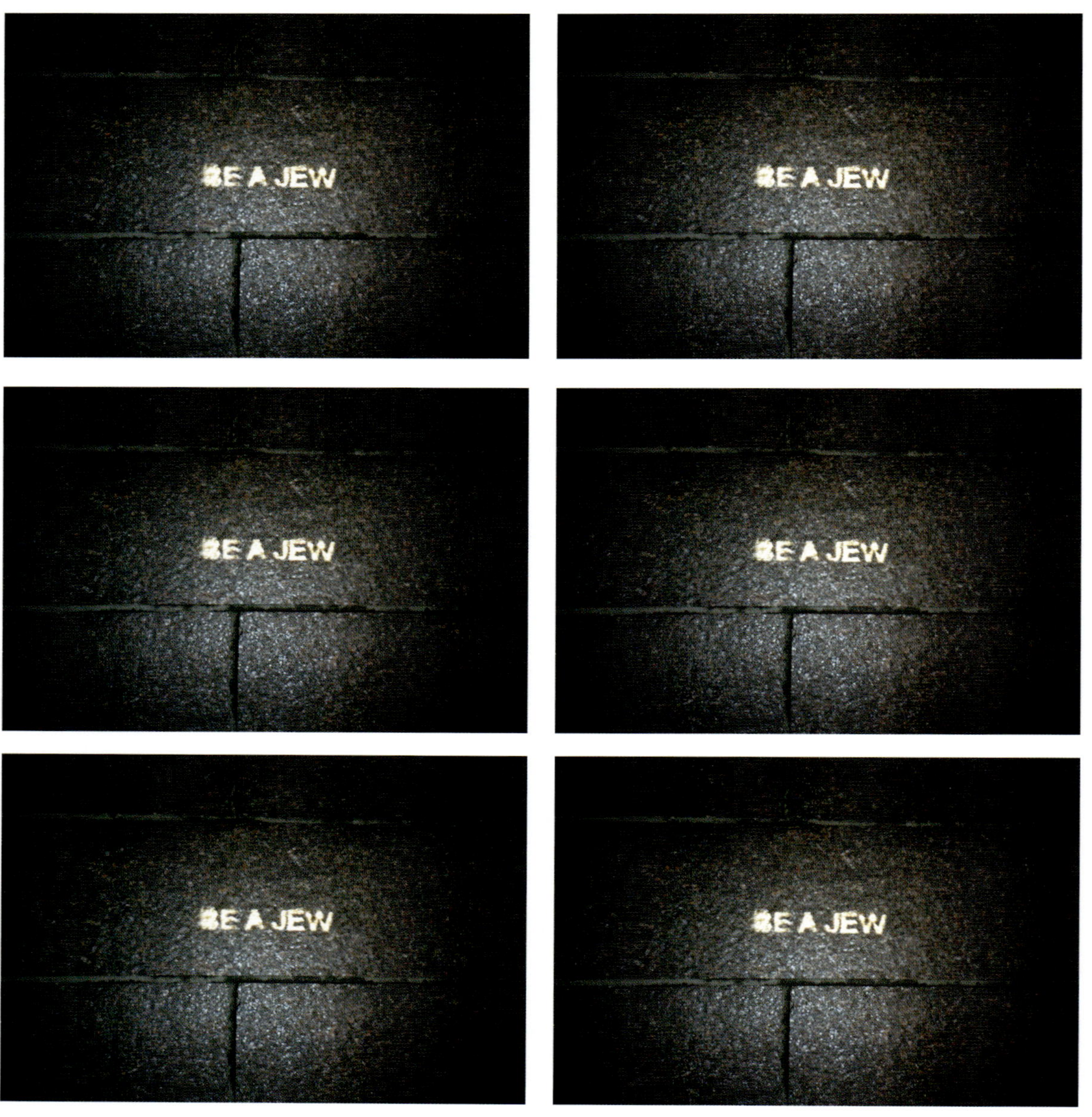
BE A JEW
BE A JEW
BE A JEW
BE A JEW
BE A JEW
BE A JEW

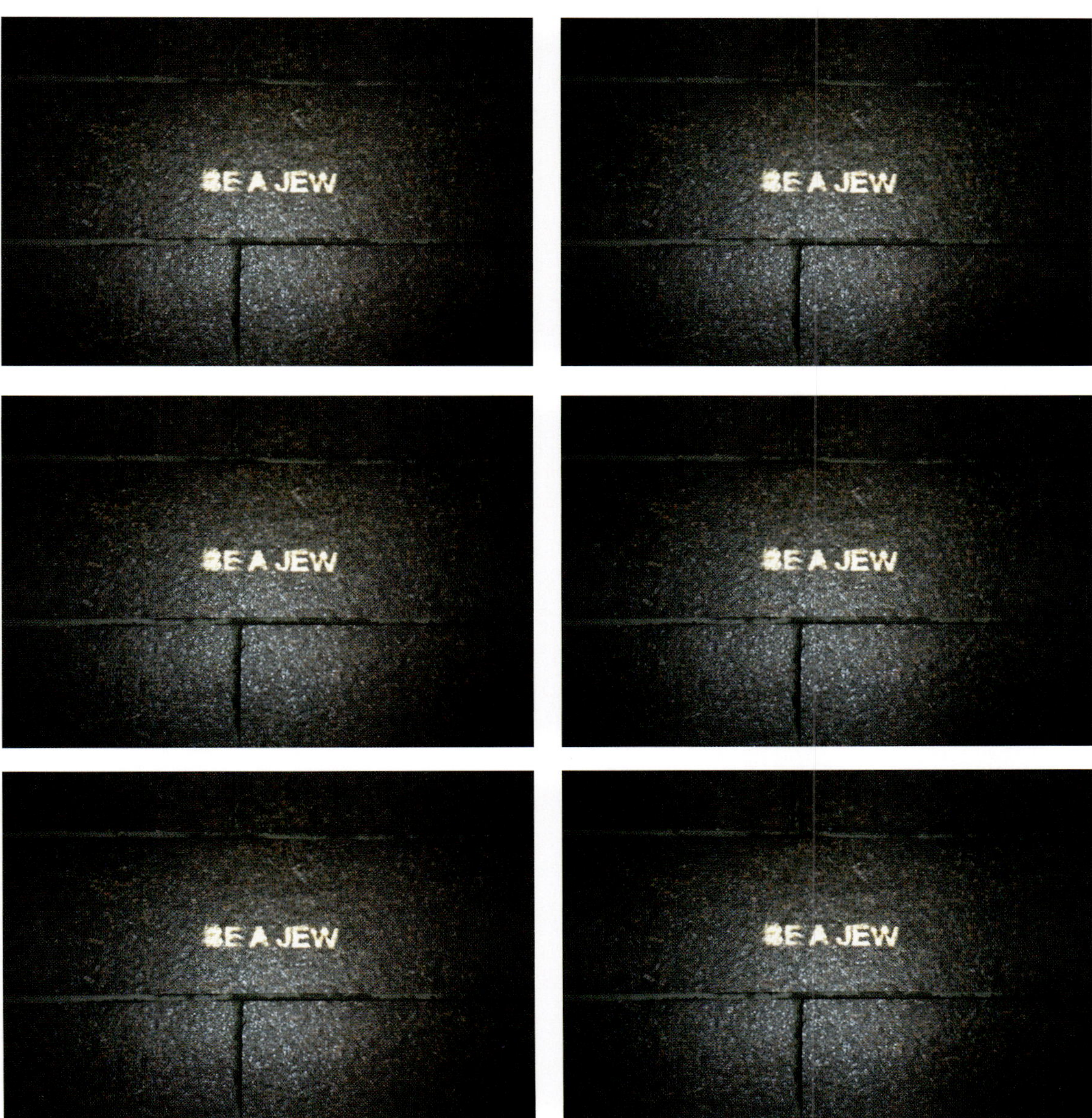
BE A JEW
BE A JEW
BE A JEW
BE A JEW
BE A JEW
BE A JEW

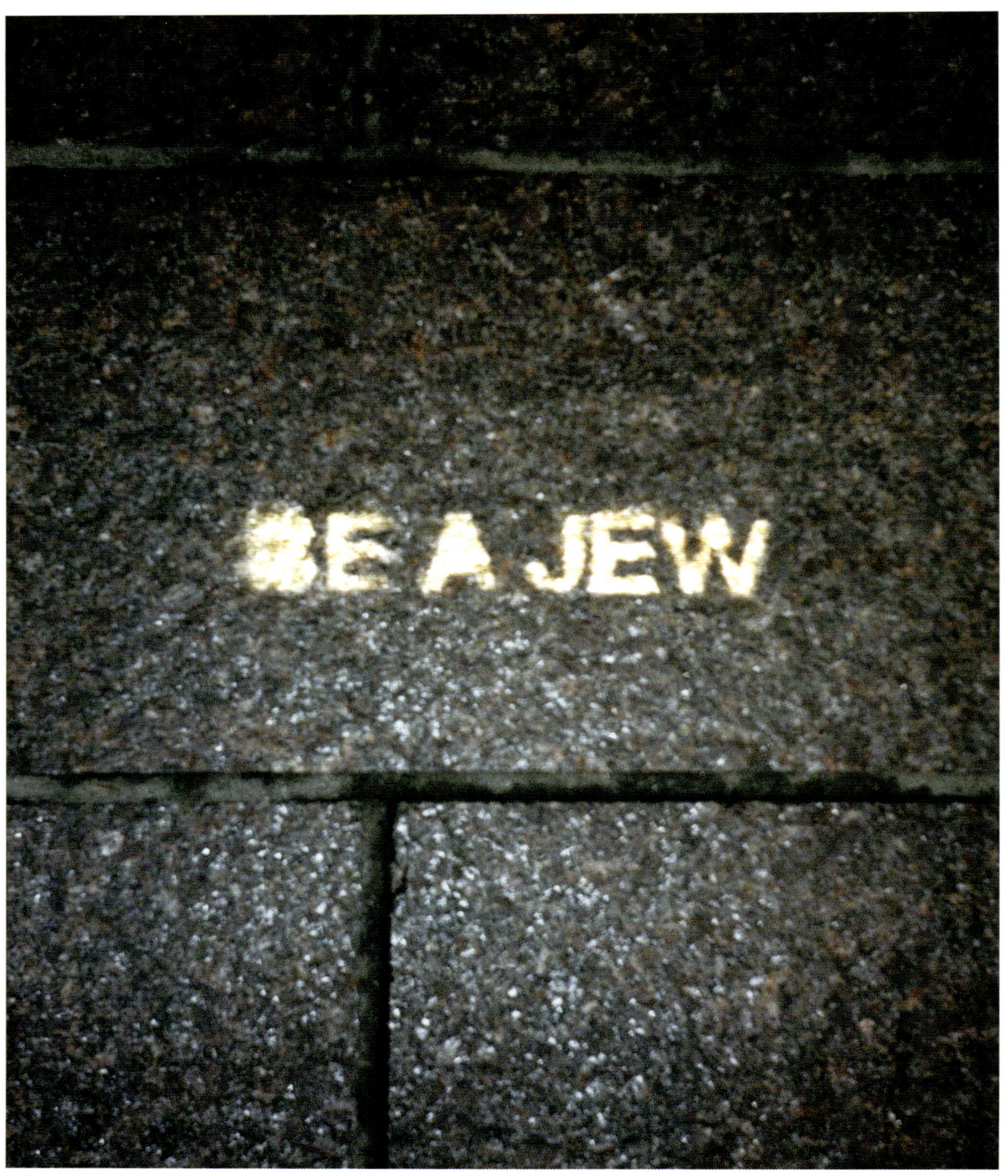
BE A JEW

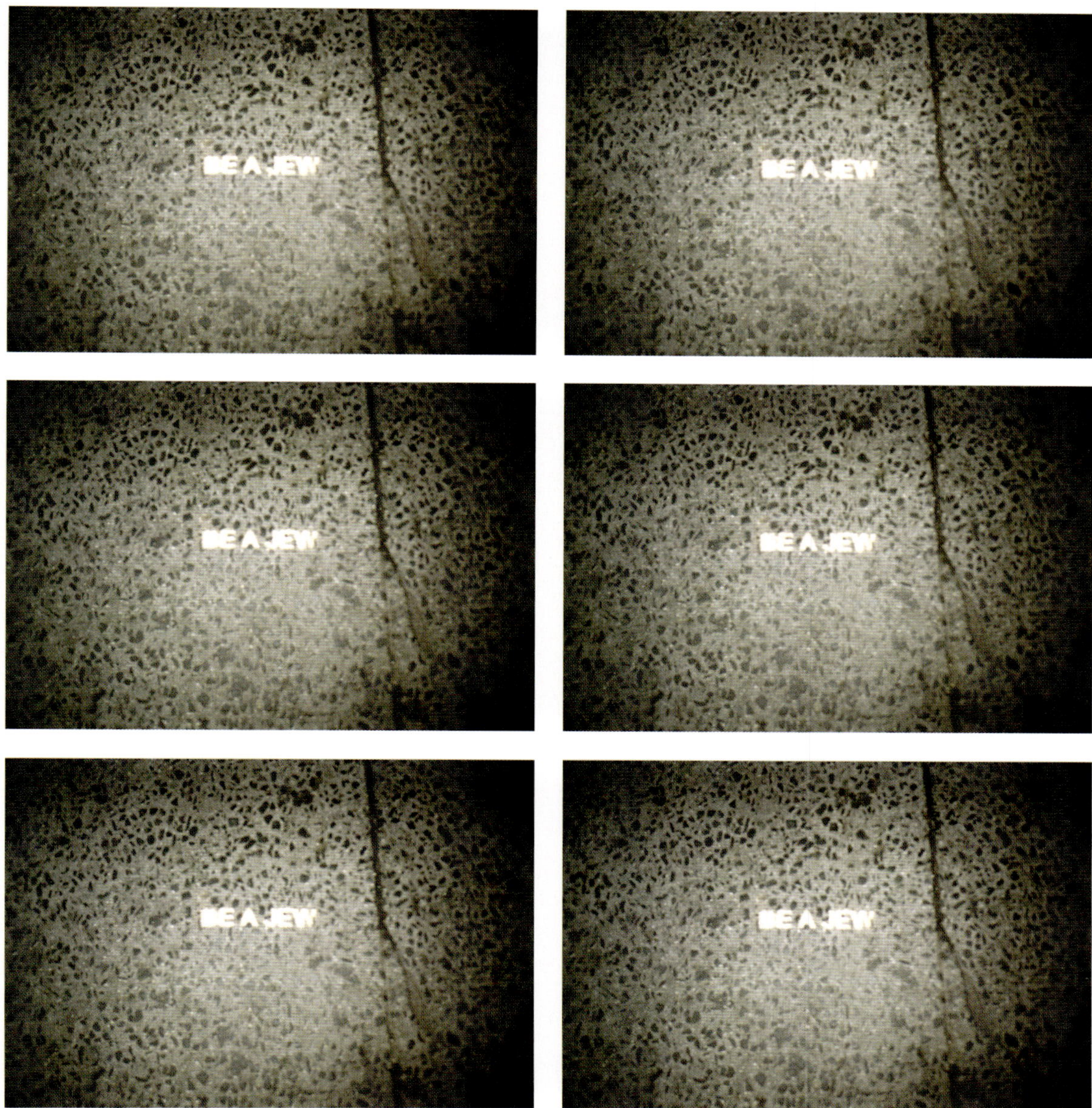
BE A JEW
BE A JEW
BE A JEW
BE A JEW
BE A JEW
BE A JEW

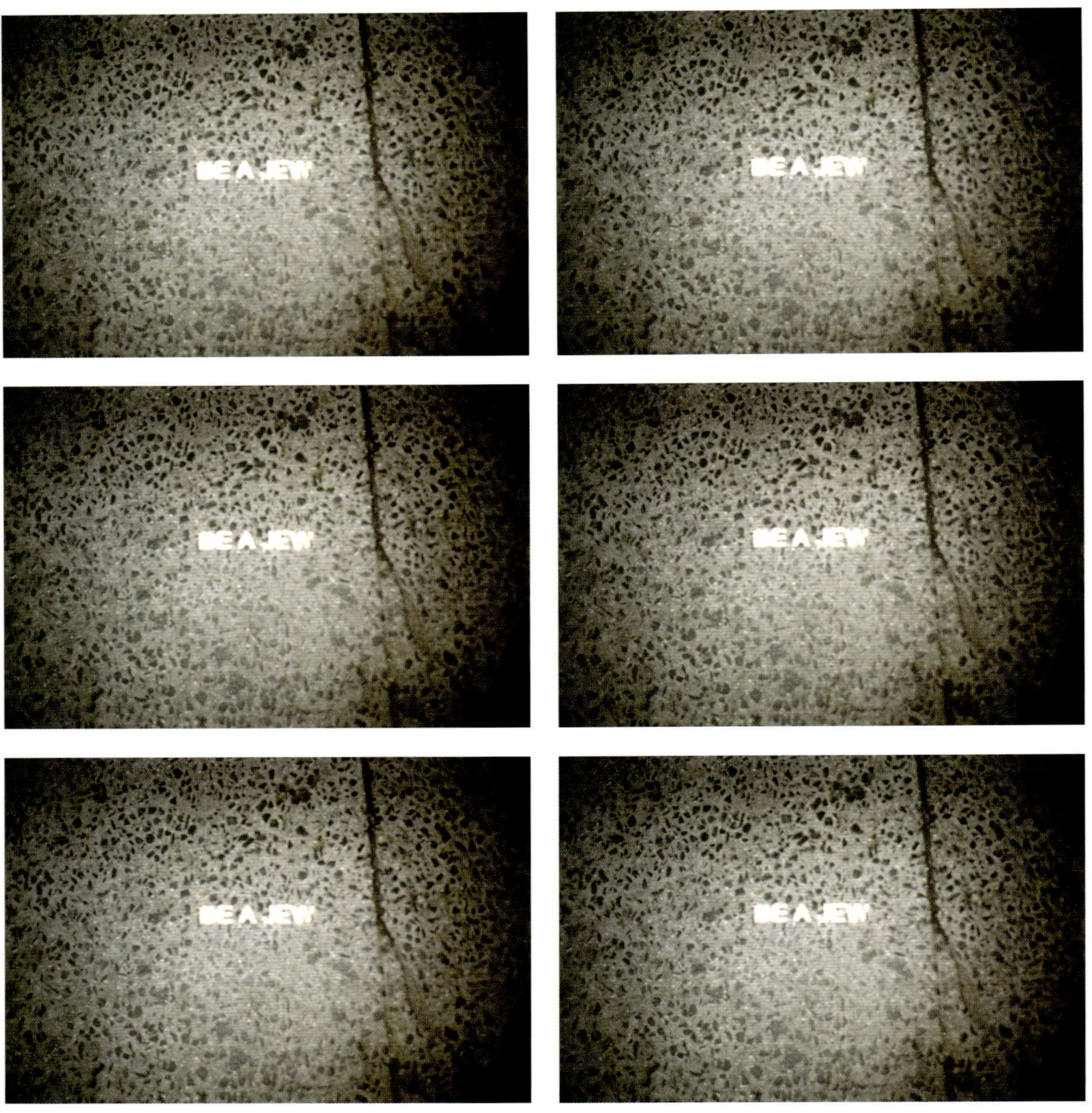
BE A JEW
BE A JEW
BE A JEW
BE A JEW
BE A JEW
BE A JEW

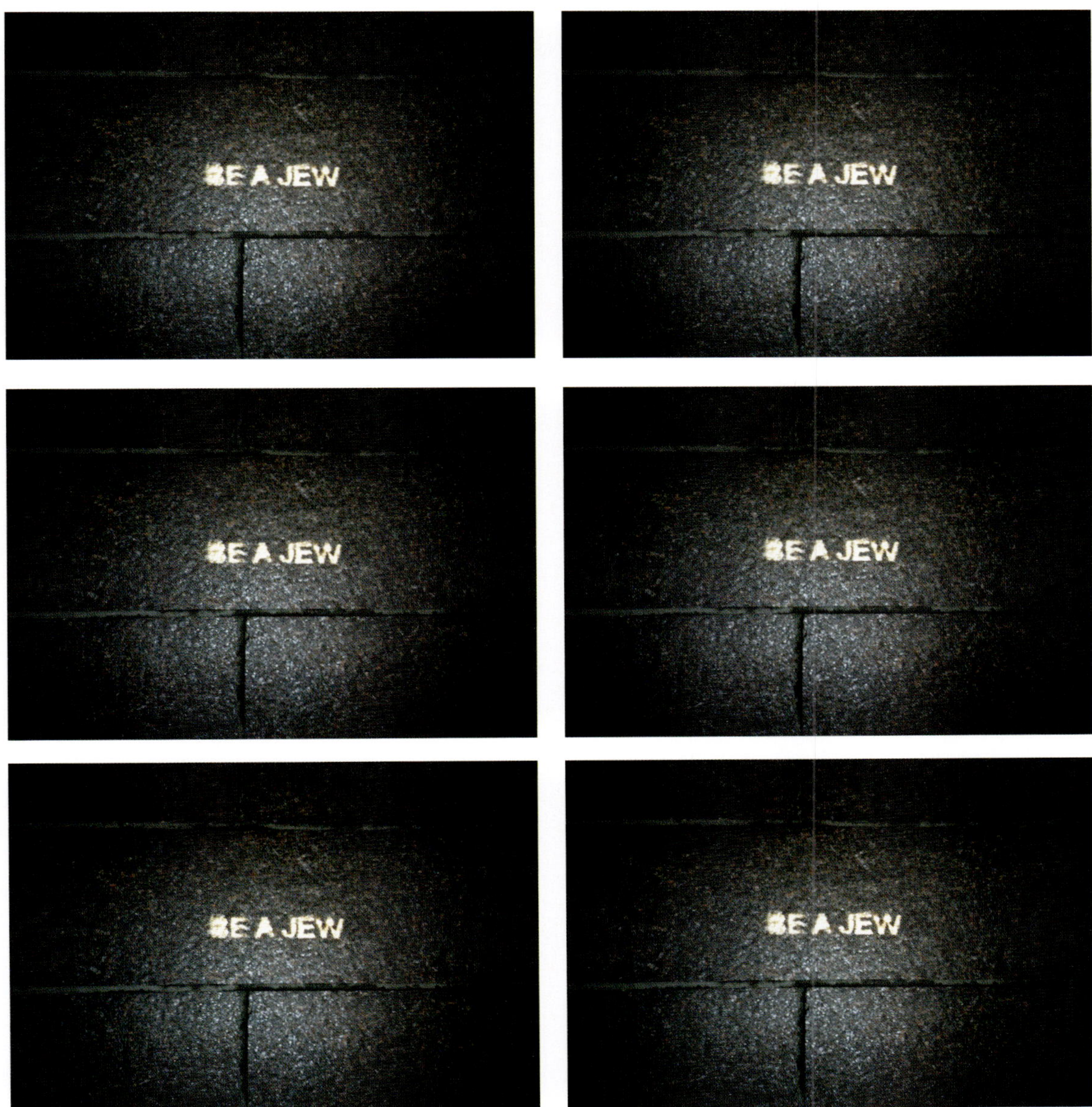
BE A JEW
BE A JEW
BE A JEW
BE A JEW
BE A JEW
BE A JEW

Oblivion

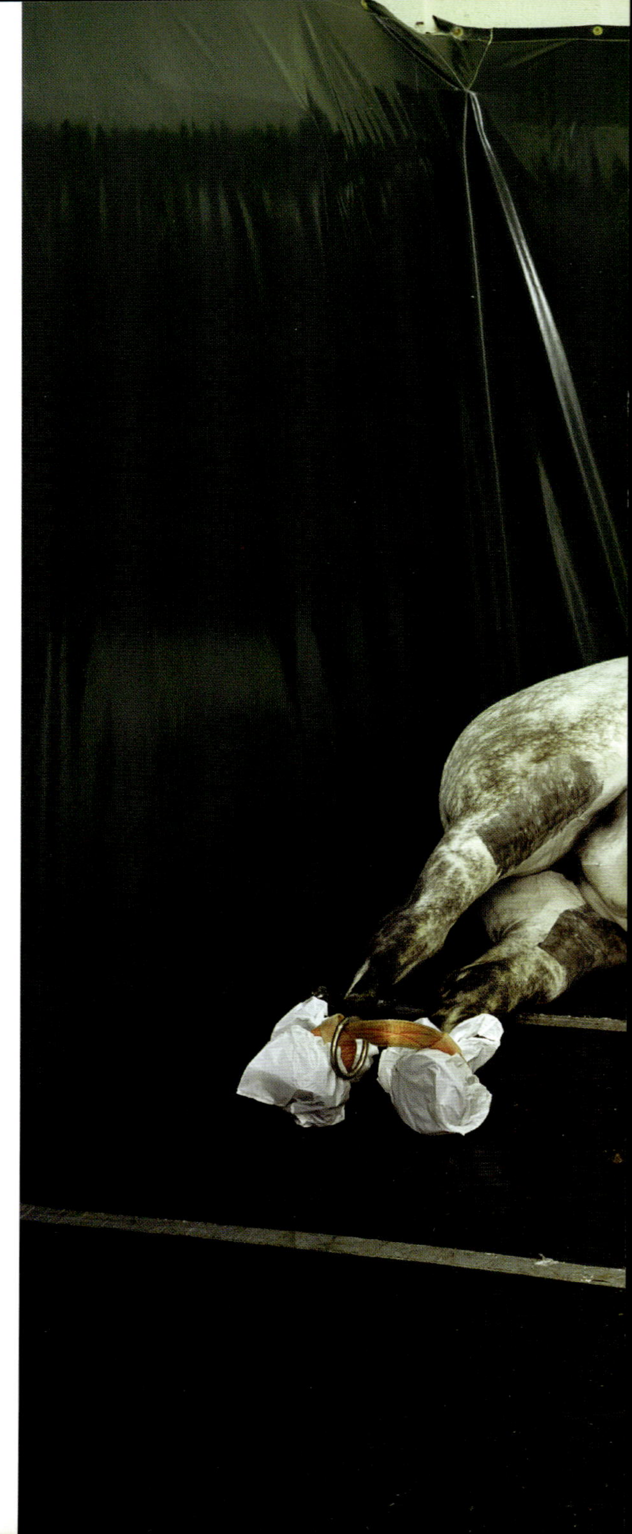

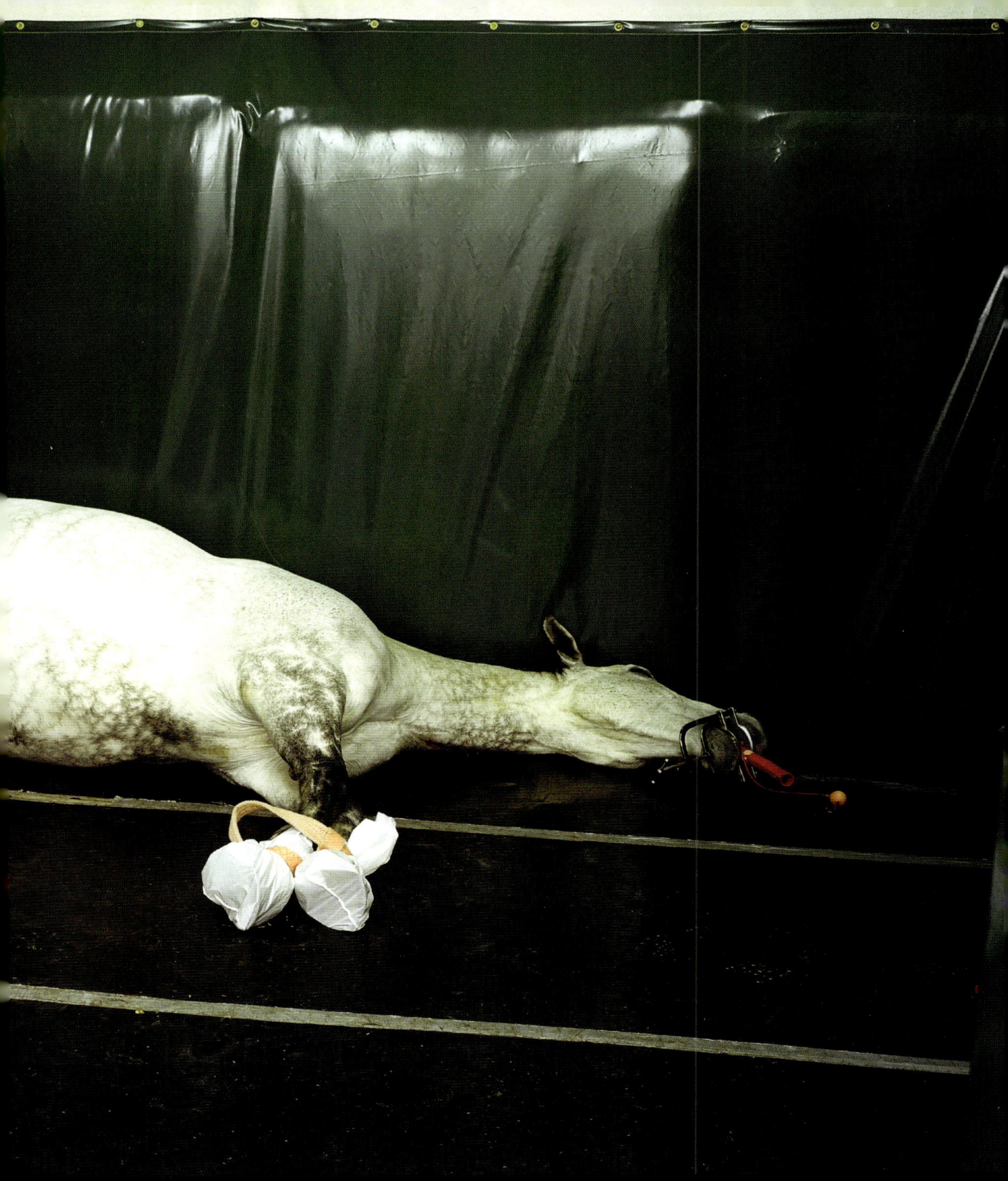

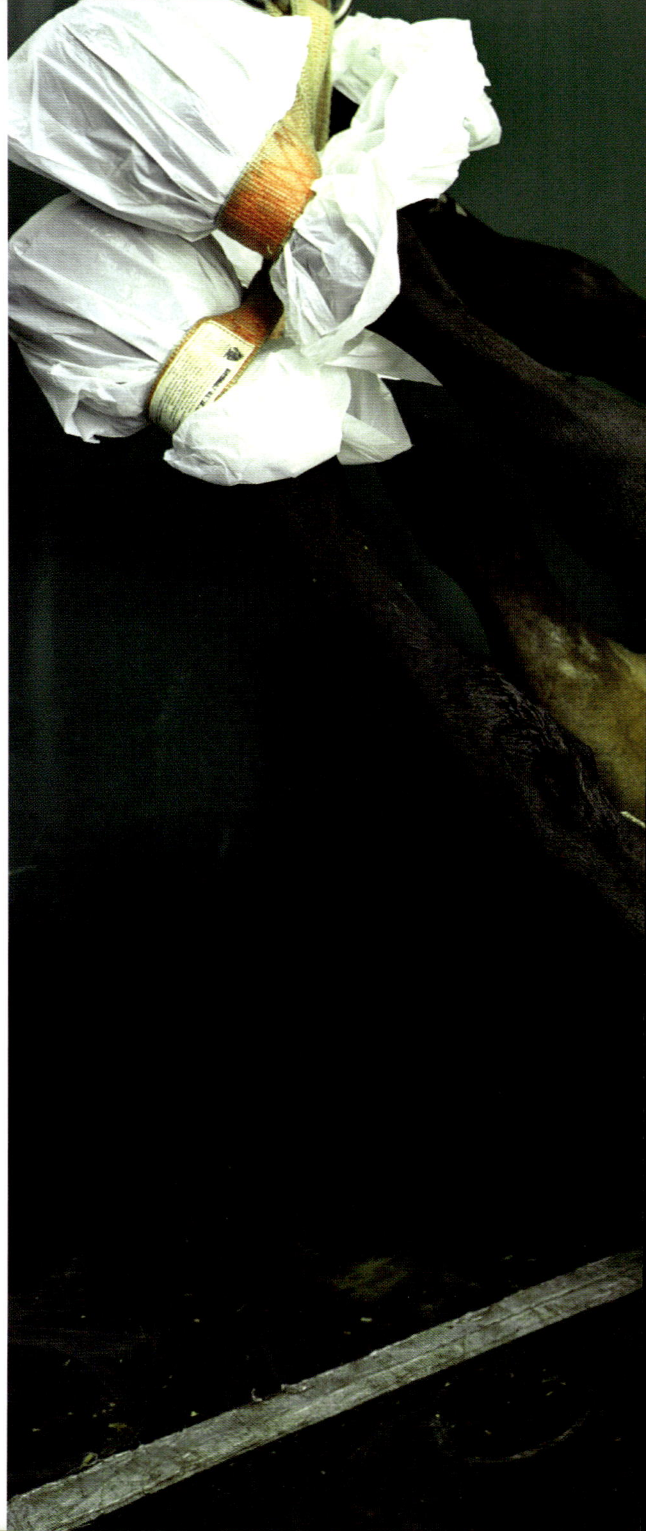

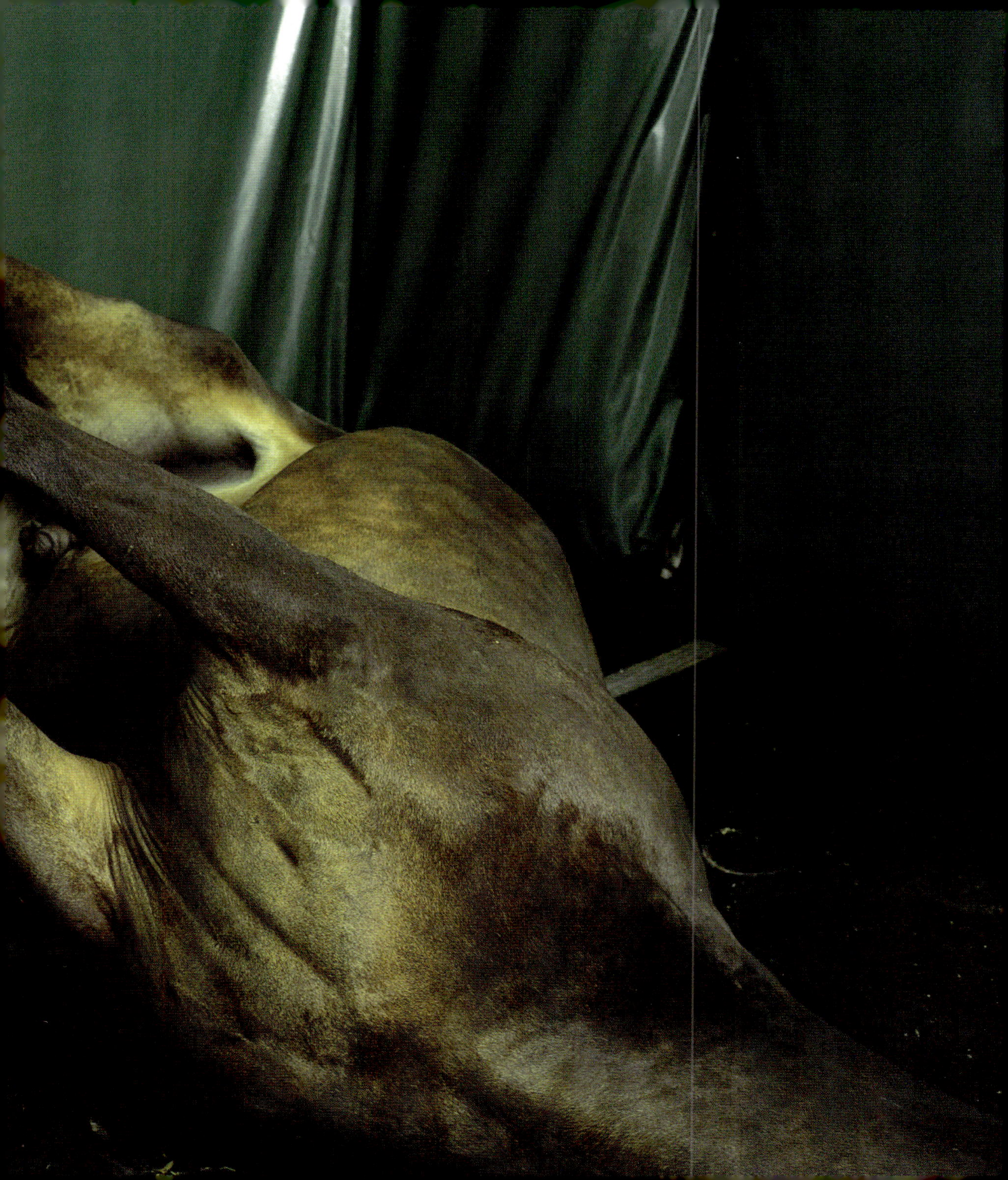

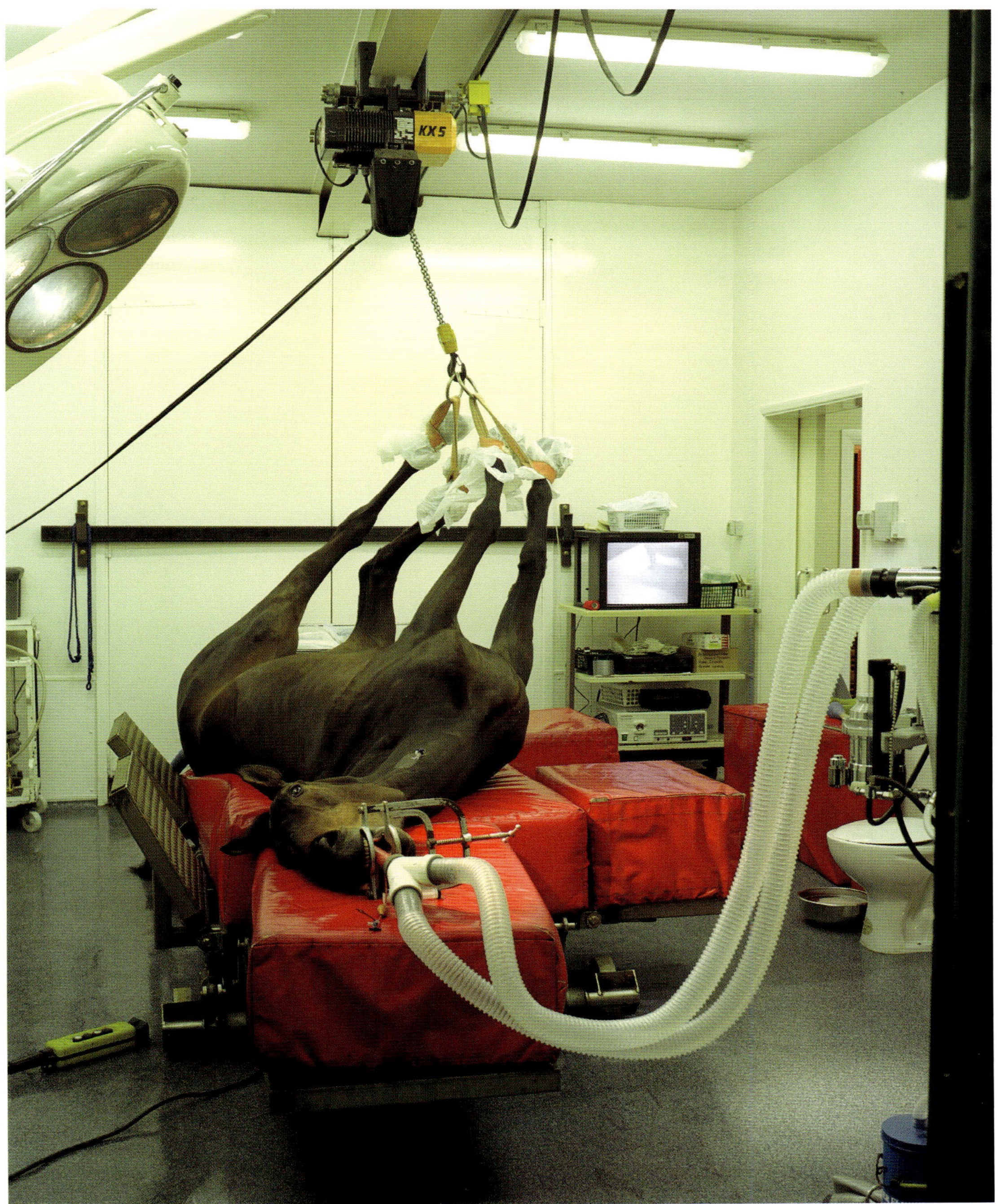
KX5

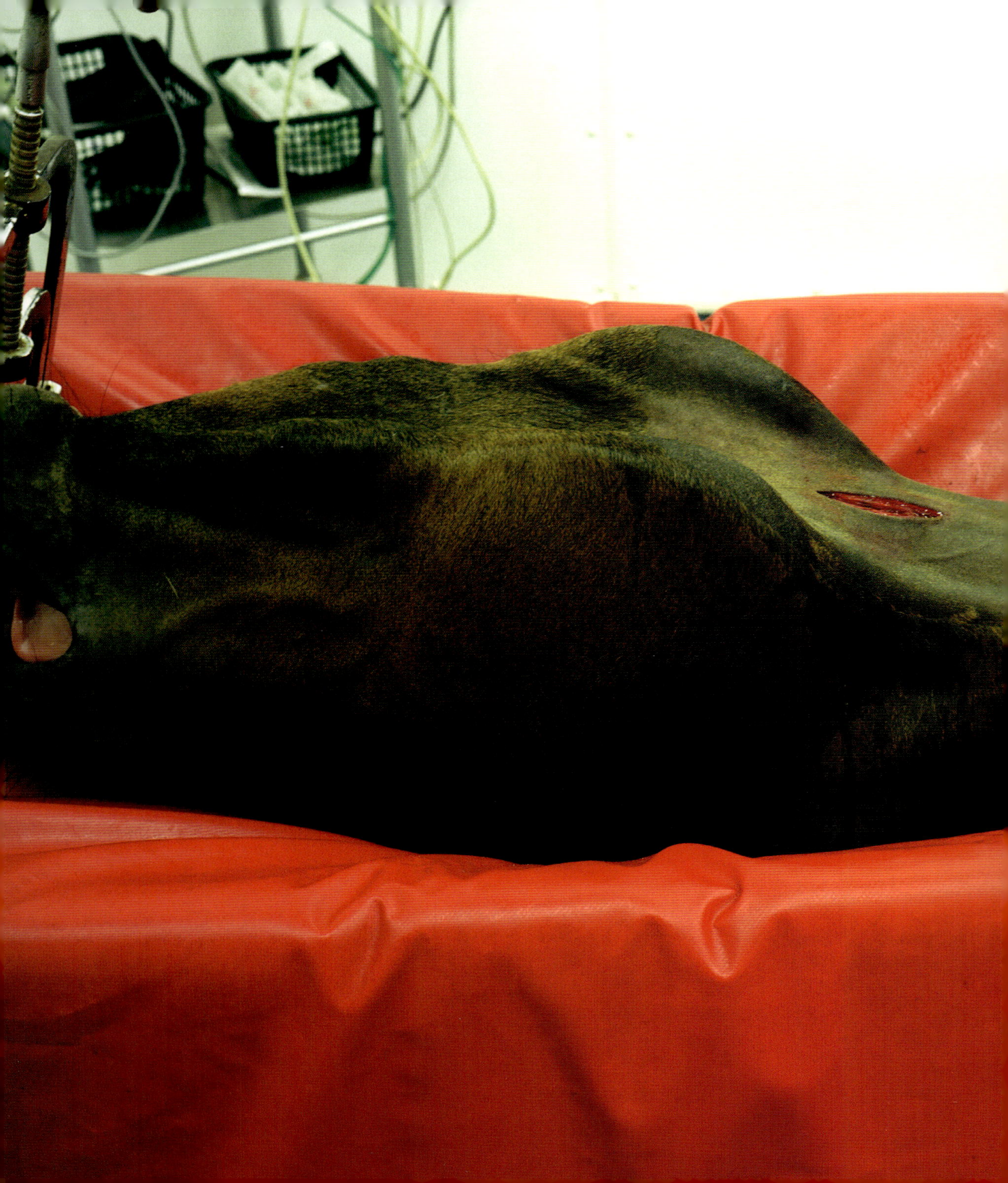

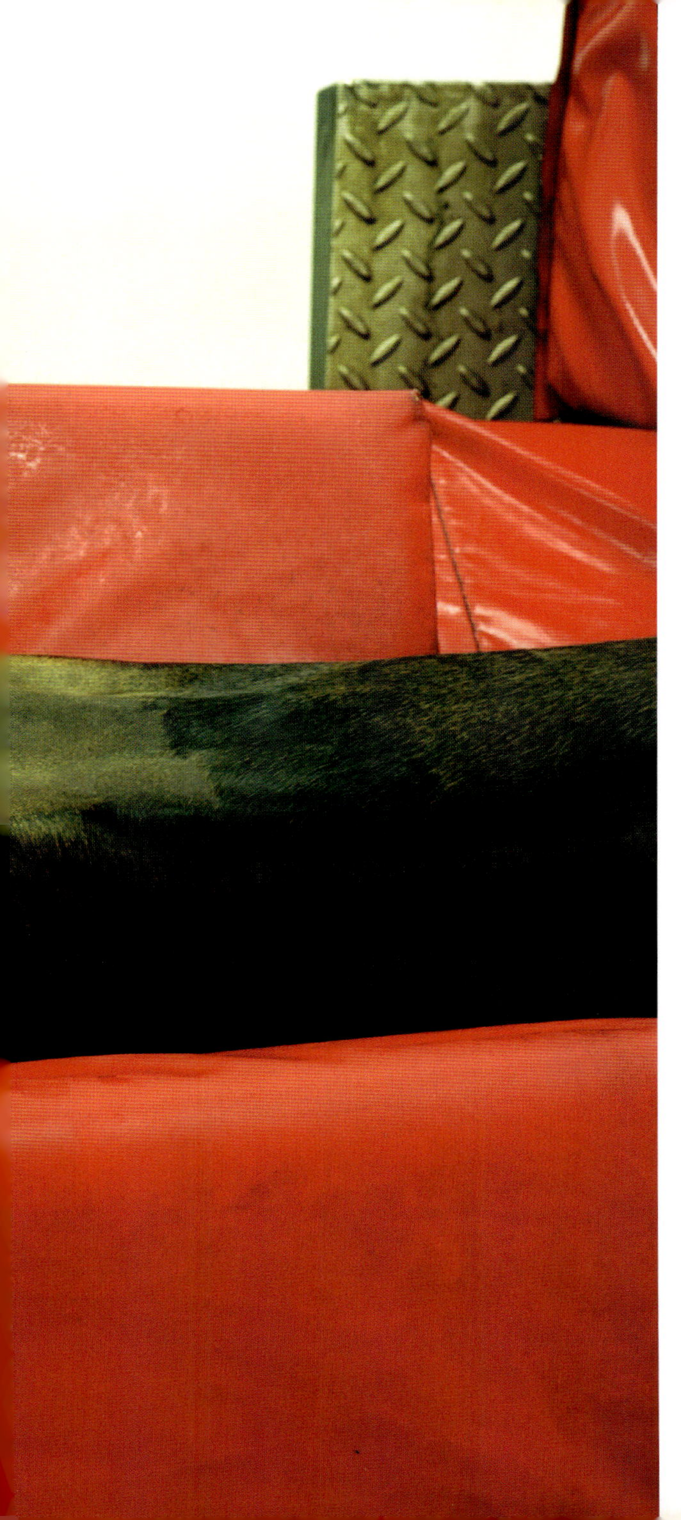

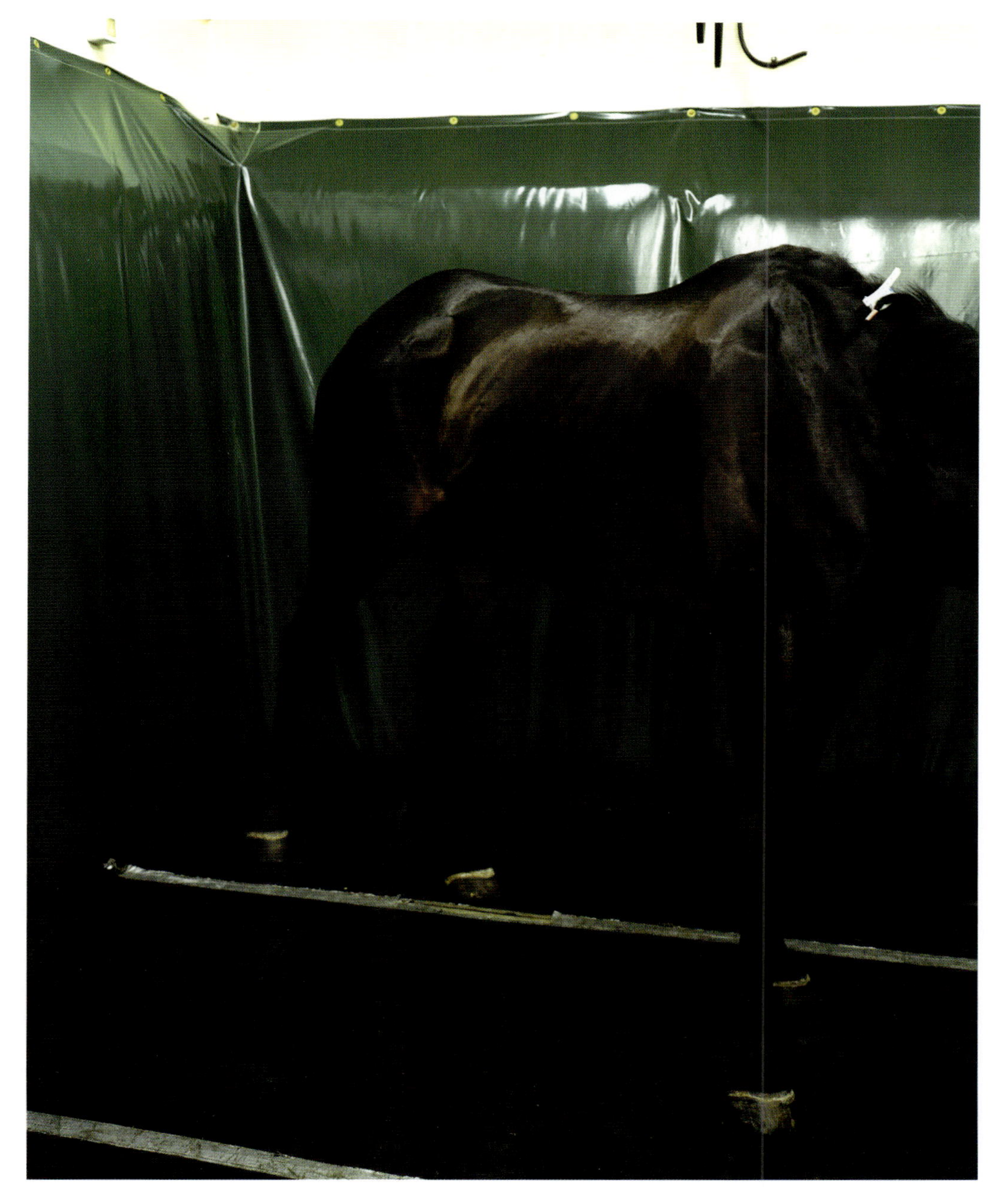

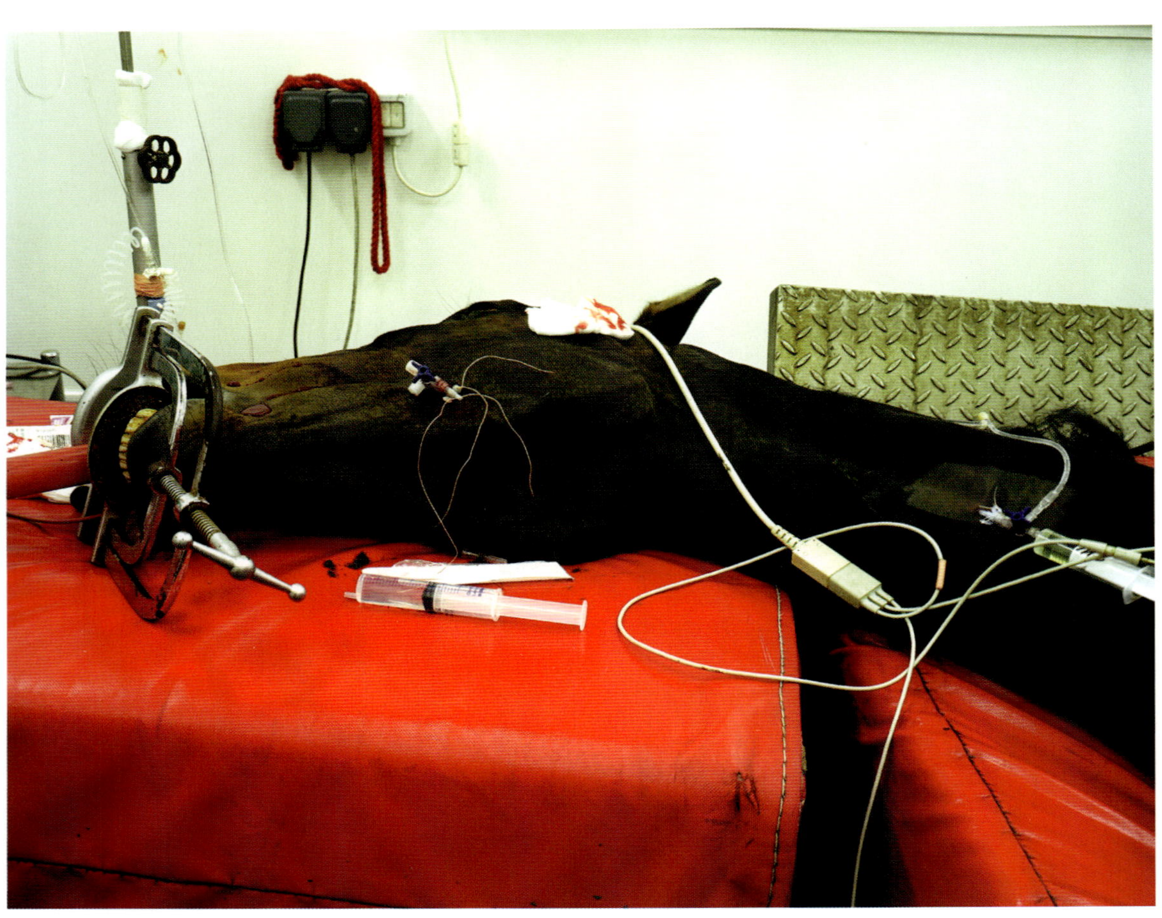

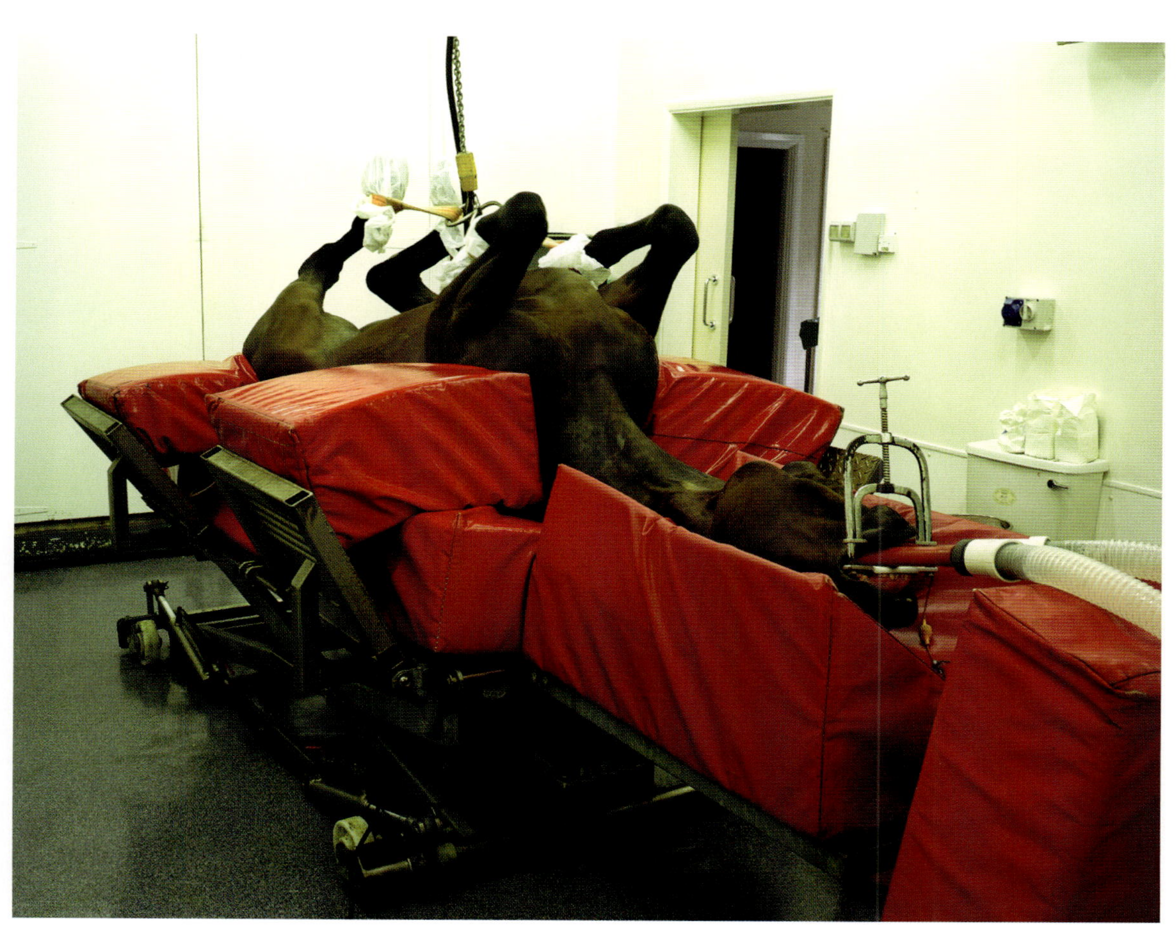

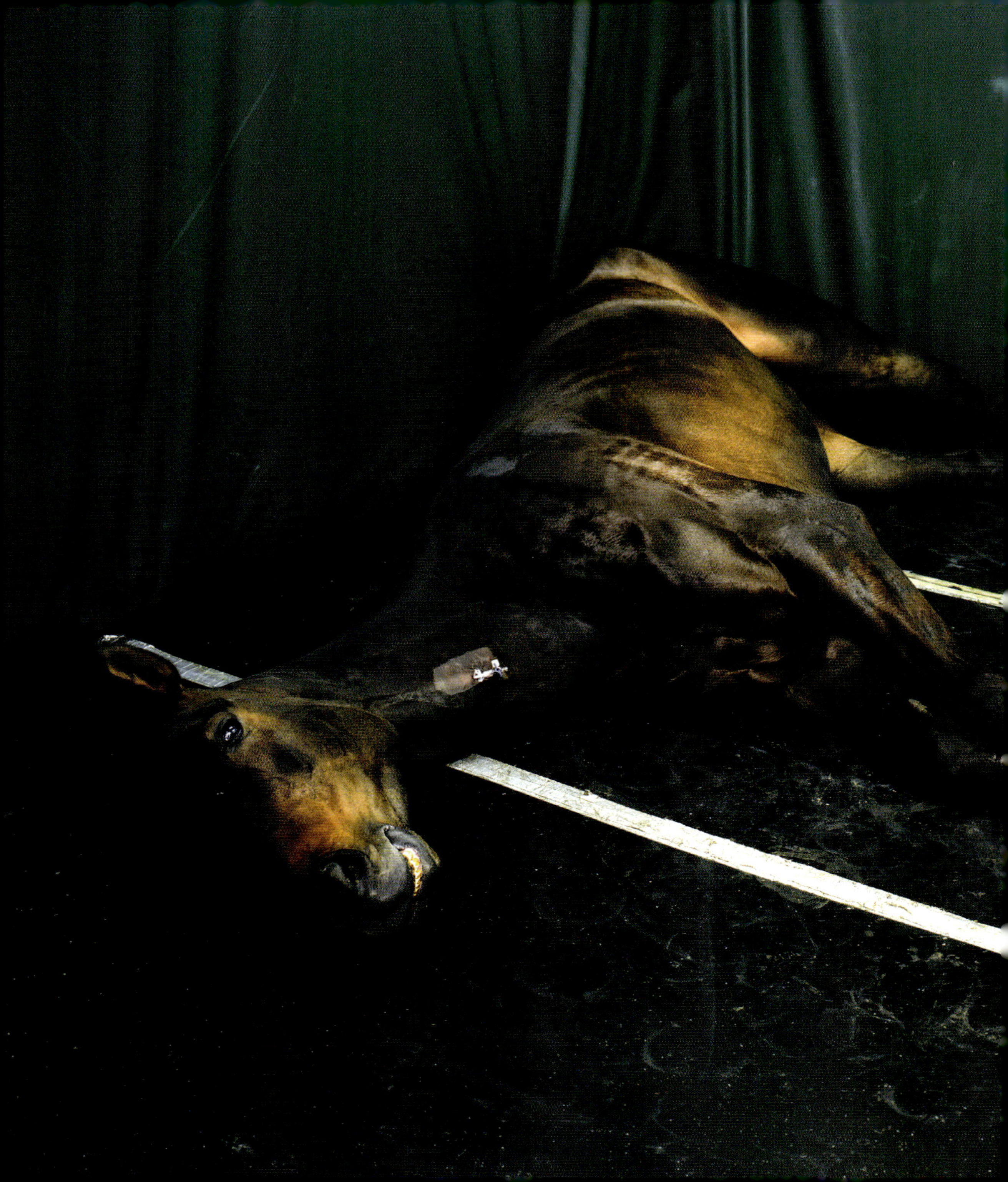

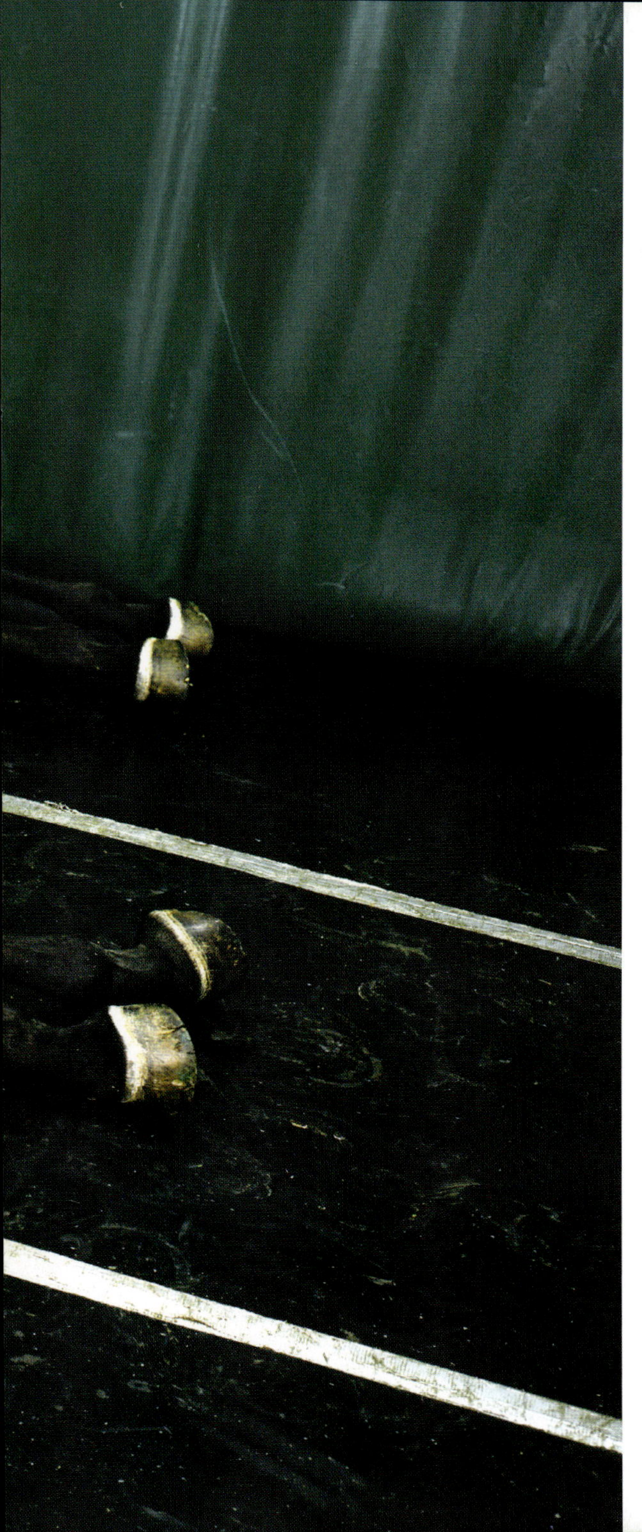

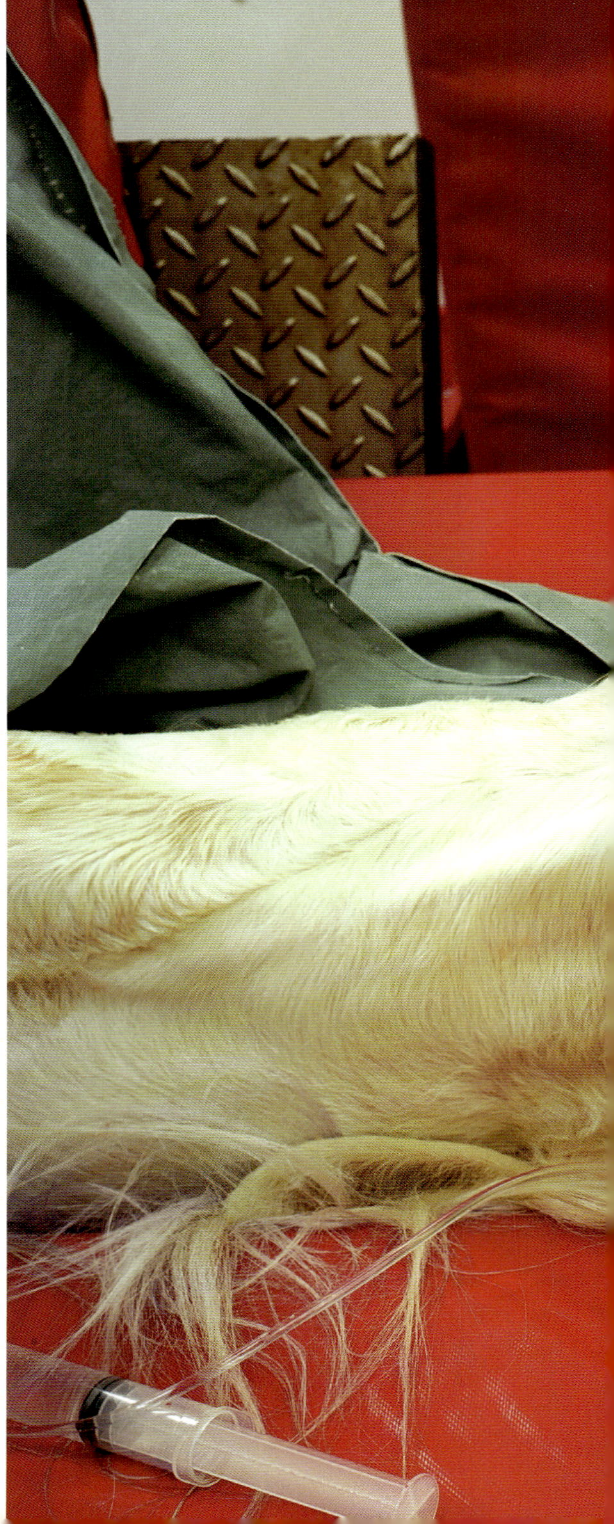

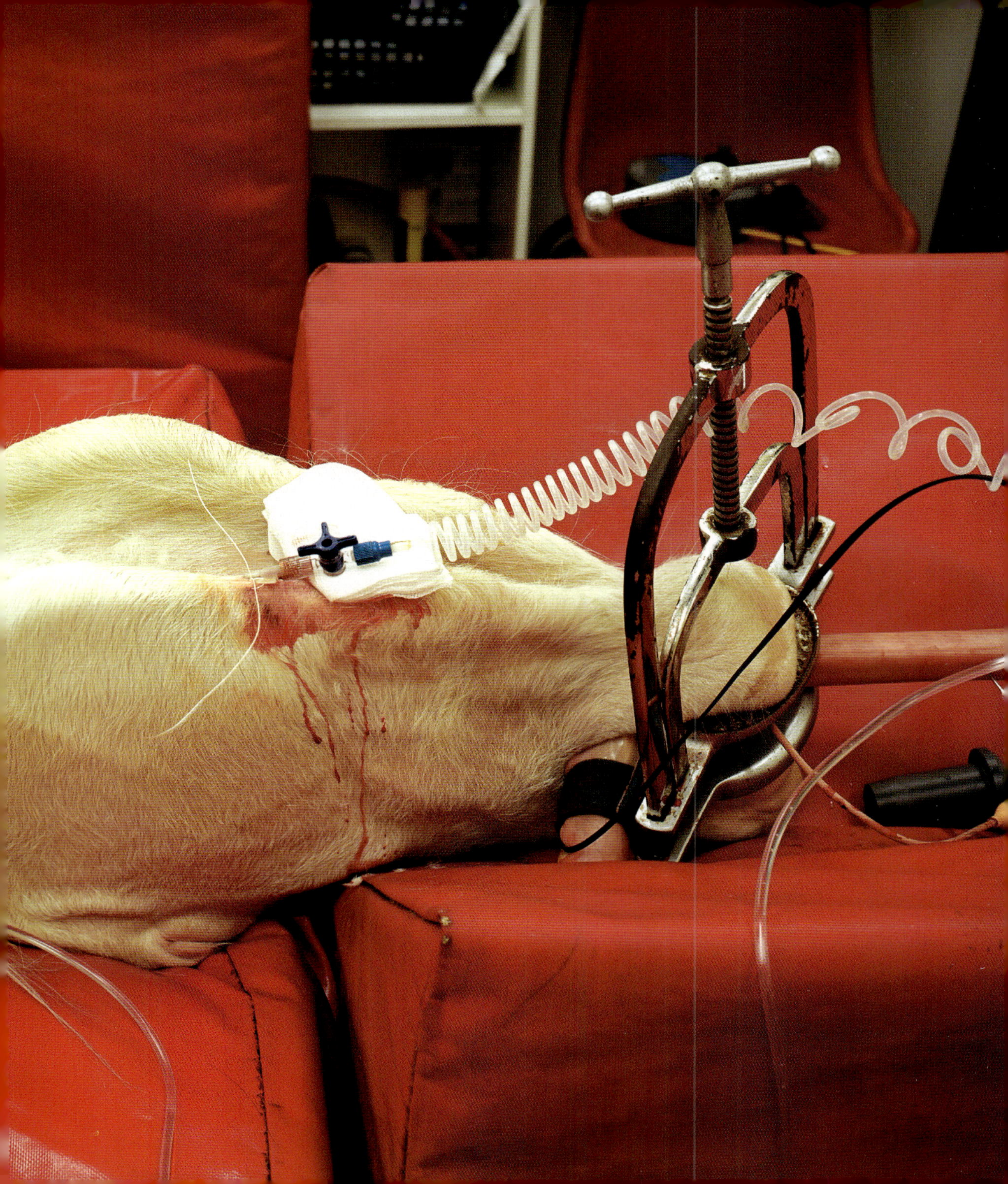

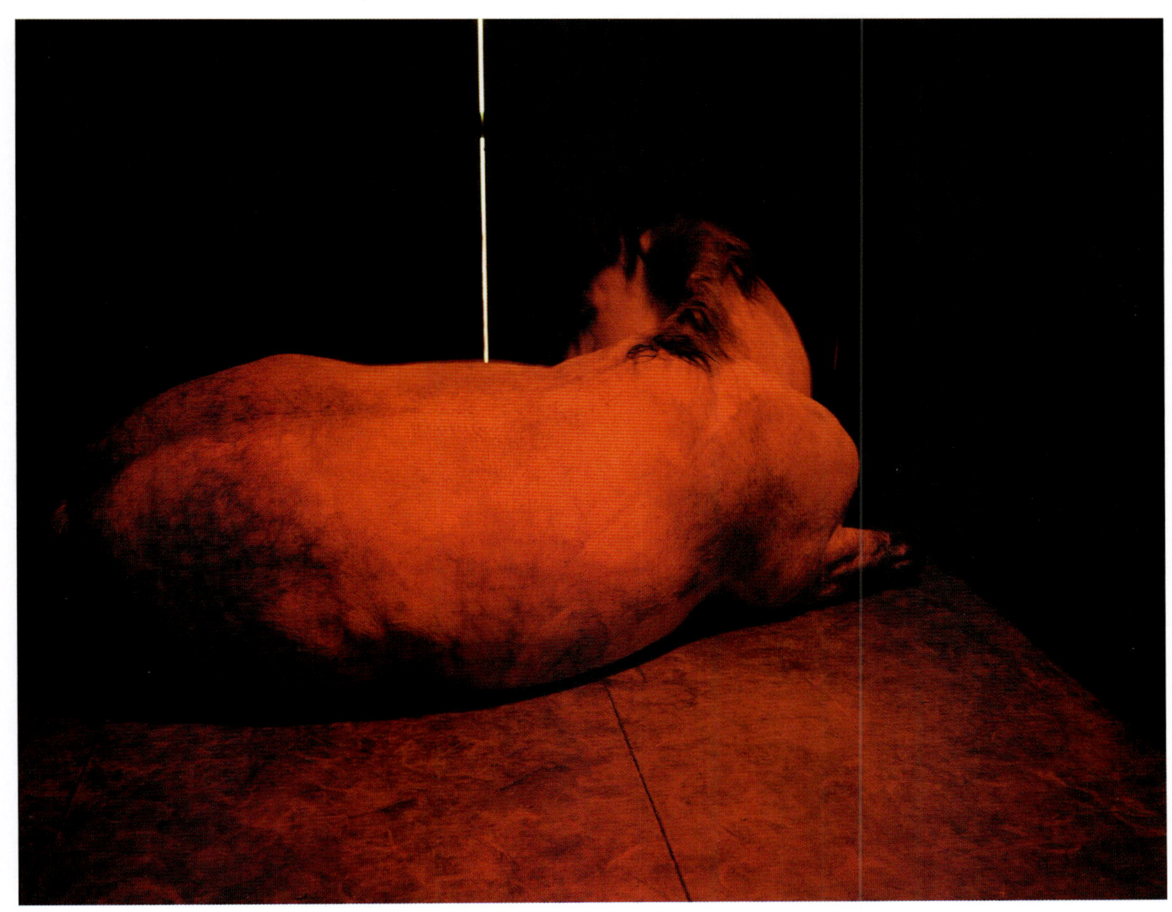

Selling a God

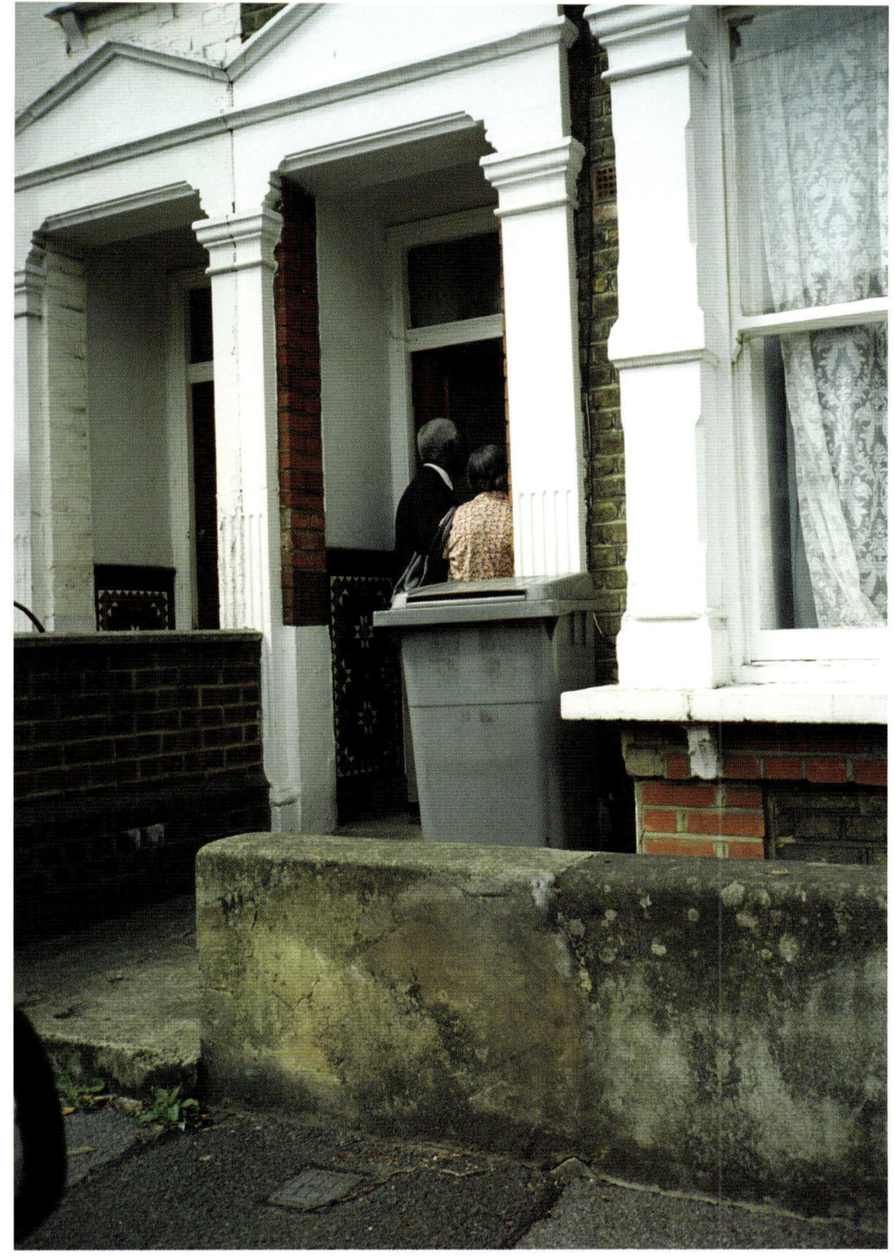

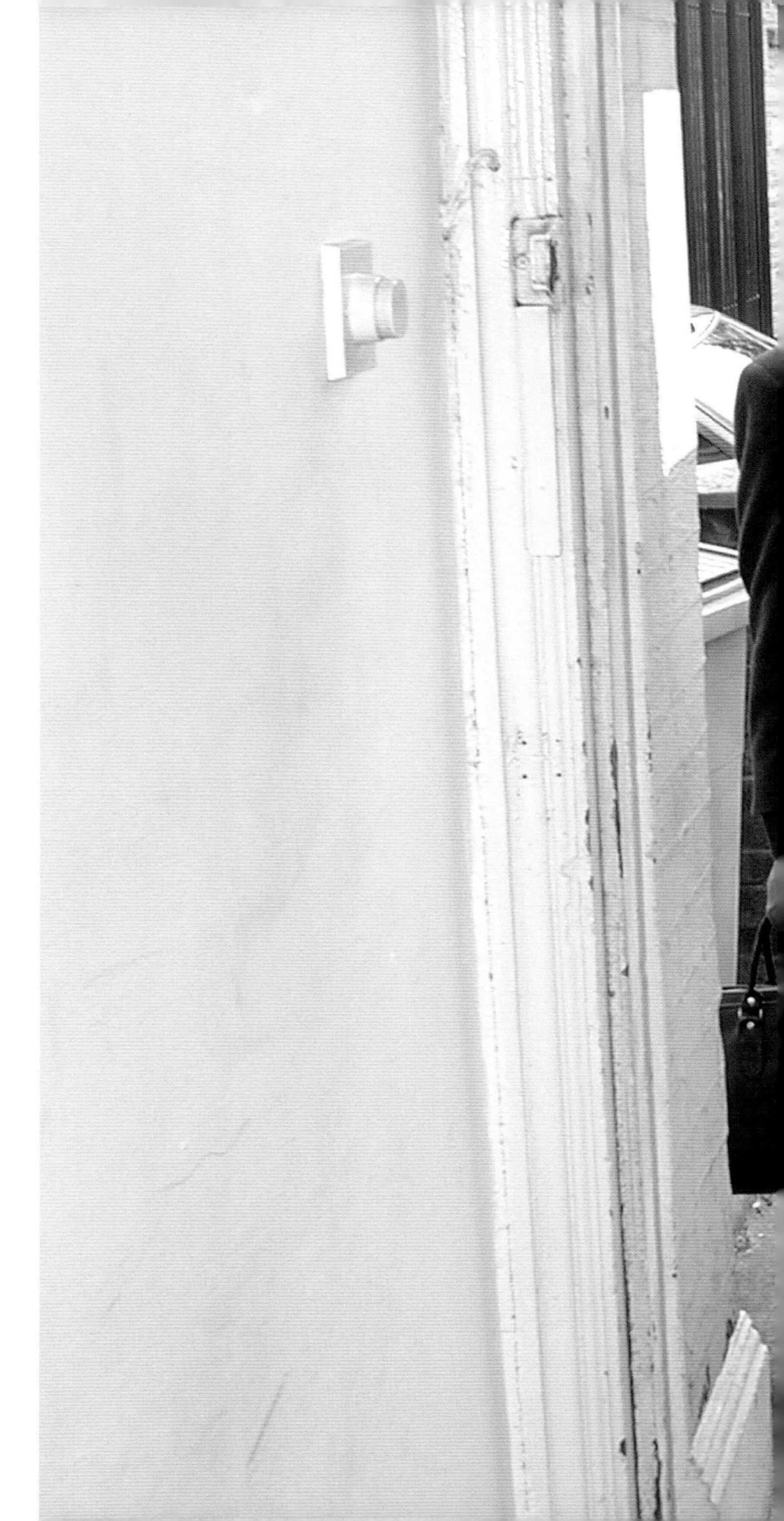

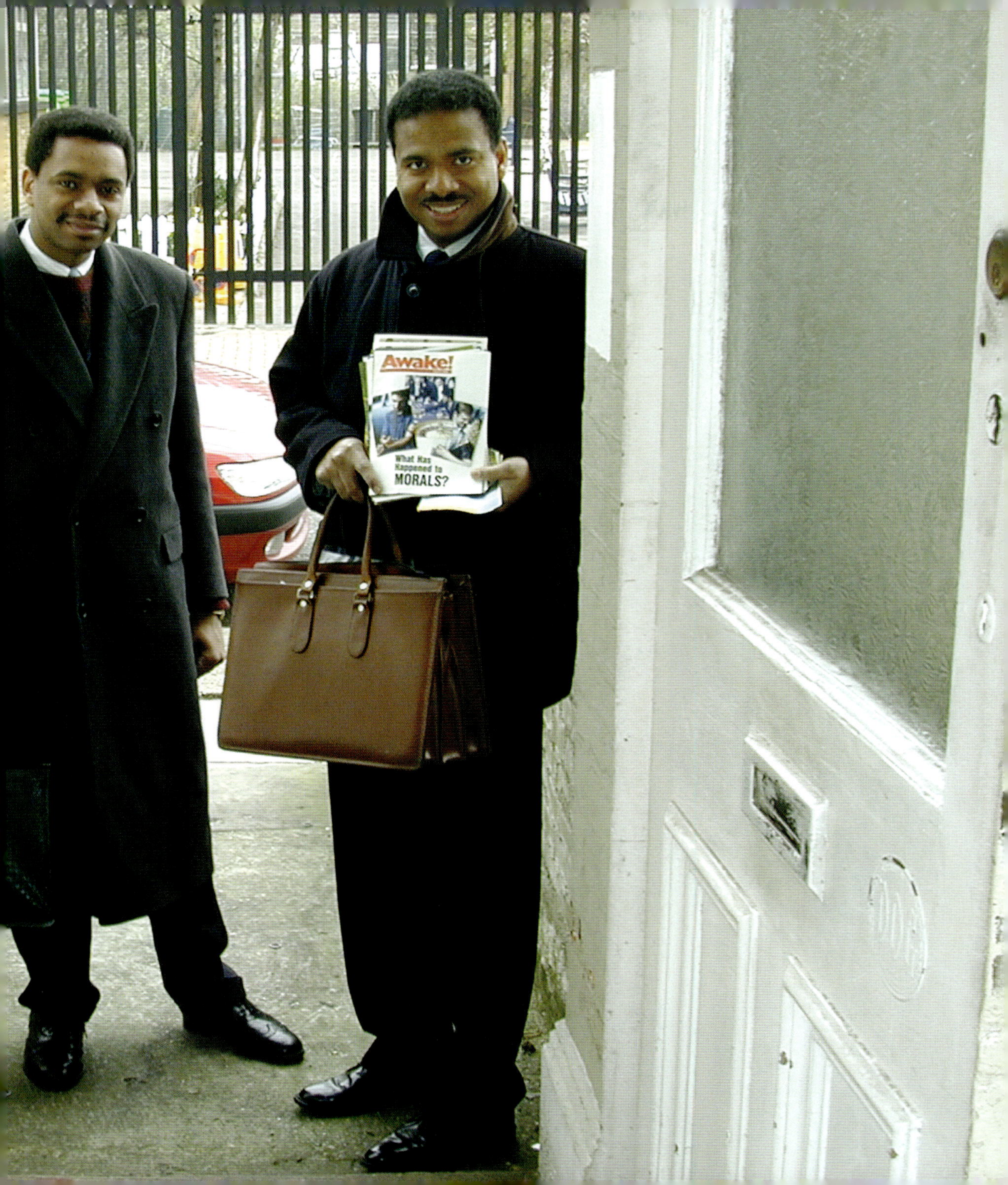
Awake!
What Has Happened to MORALS?

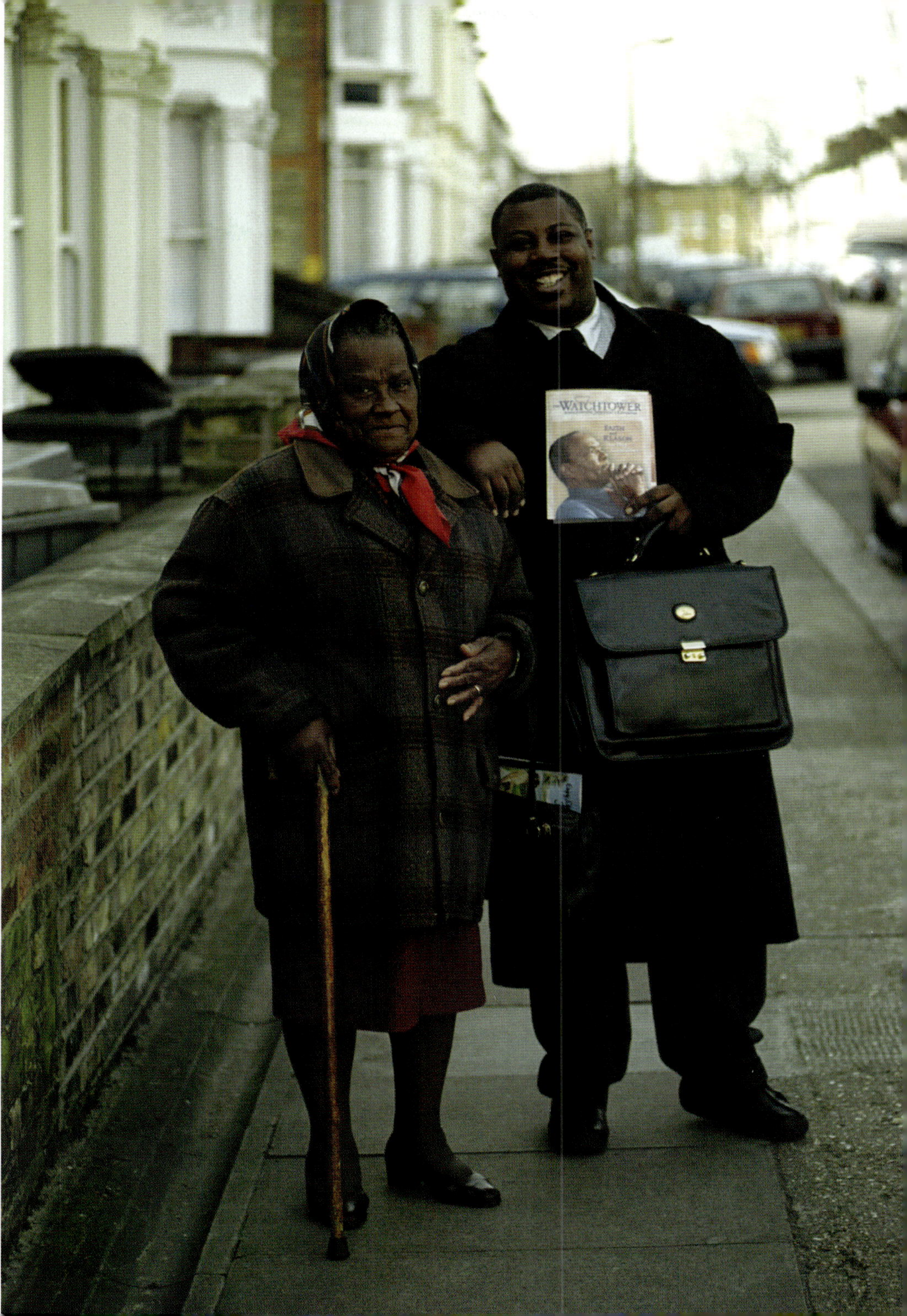
WATCHTOWER

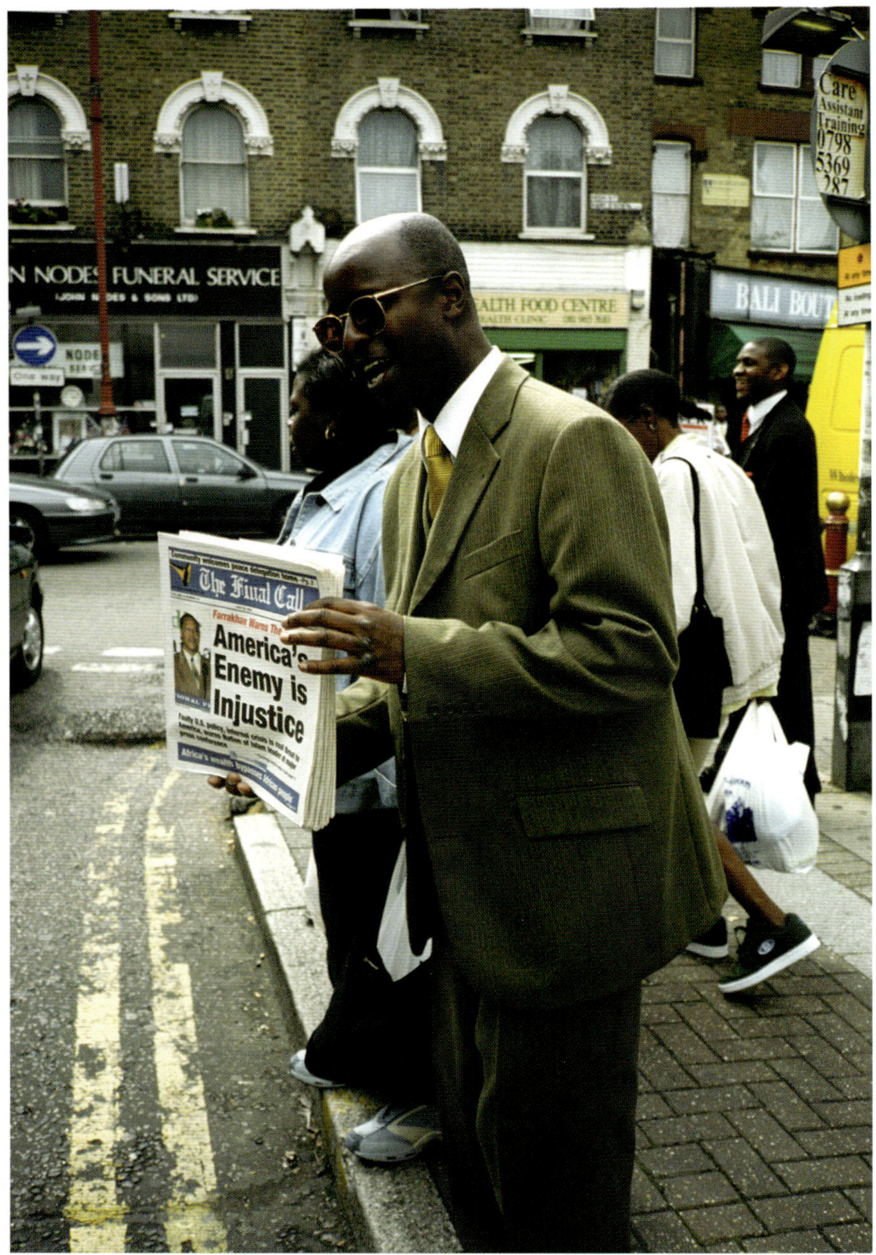
N NODES FUNERAL SERVICE
ALTH FOOD CENTRE
BALI BOUT
Care
Assistant
Training
0798
5369
287
One way
The Final Call
America's
Enemy is
Injustice

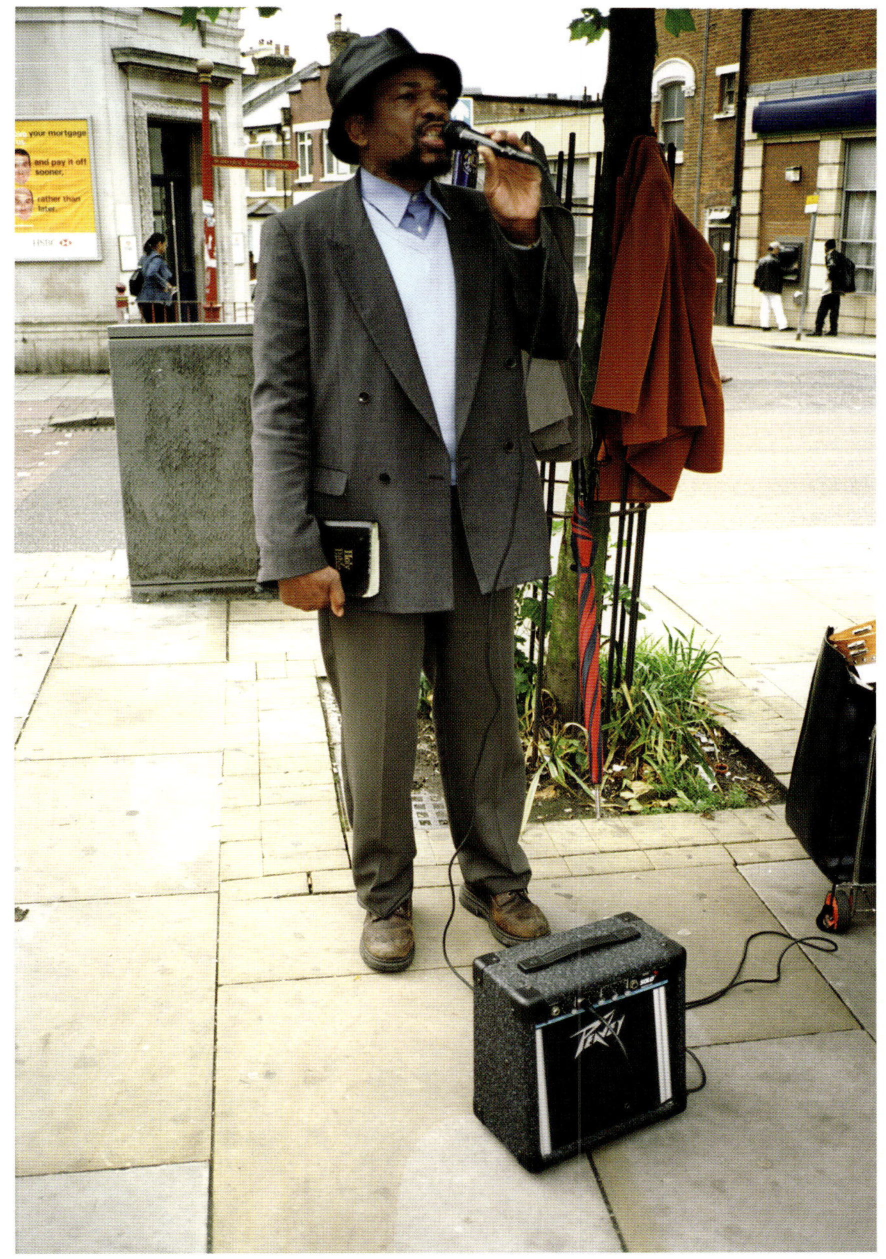
your mortgage
and pay it off sooner,
rather than later.

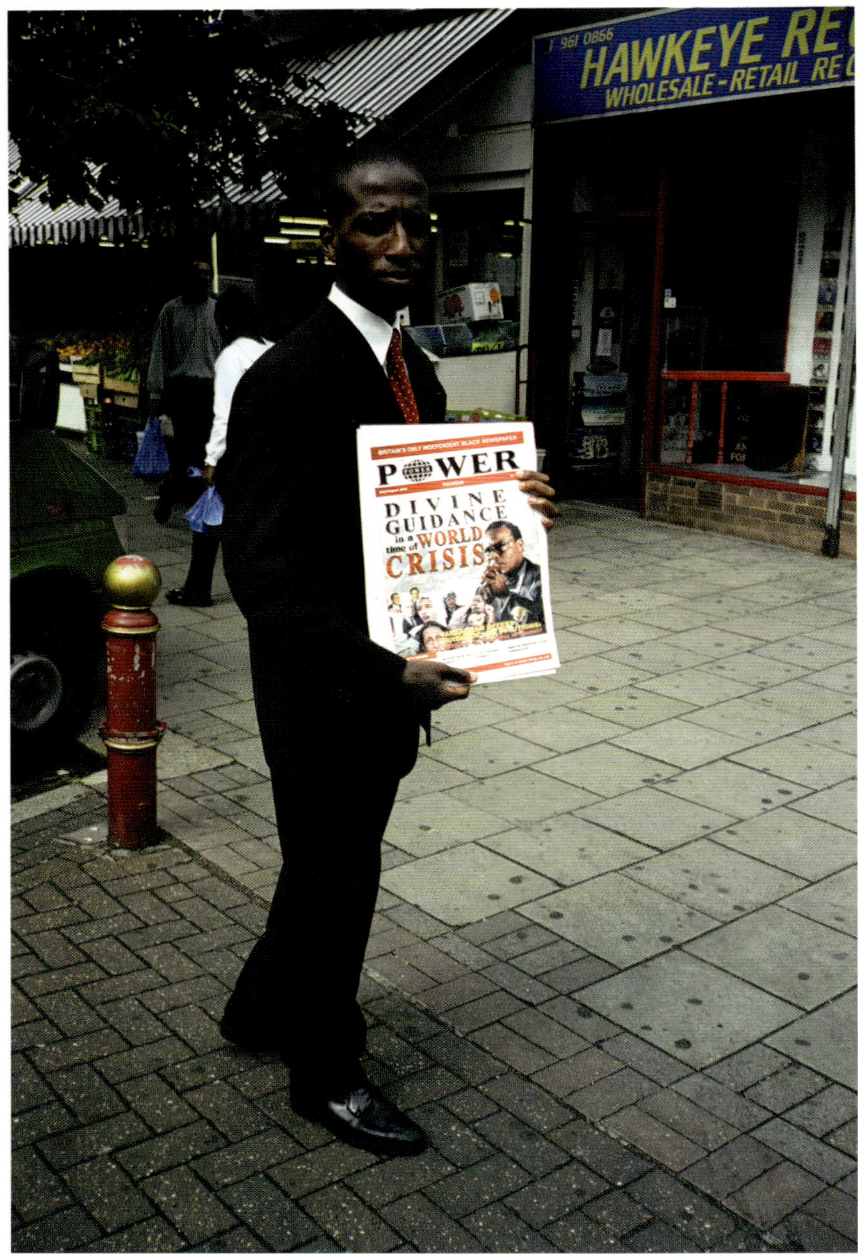
HAWKEYE RE
WHOLESALE-RETAIL RE
BRITAIN'S ONLY INDEPENDENT BLACK NEWSPAPER
POWER
DIVINE
GUIDANCE
in a time of WORLD
CRISIS

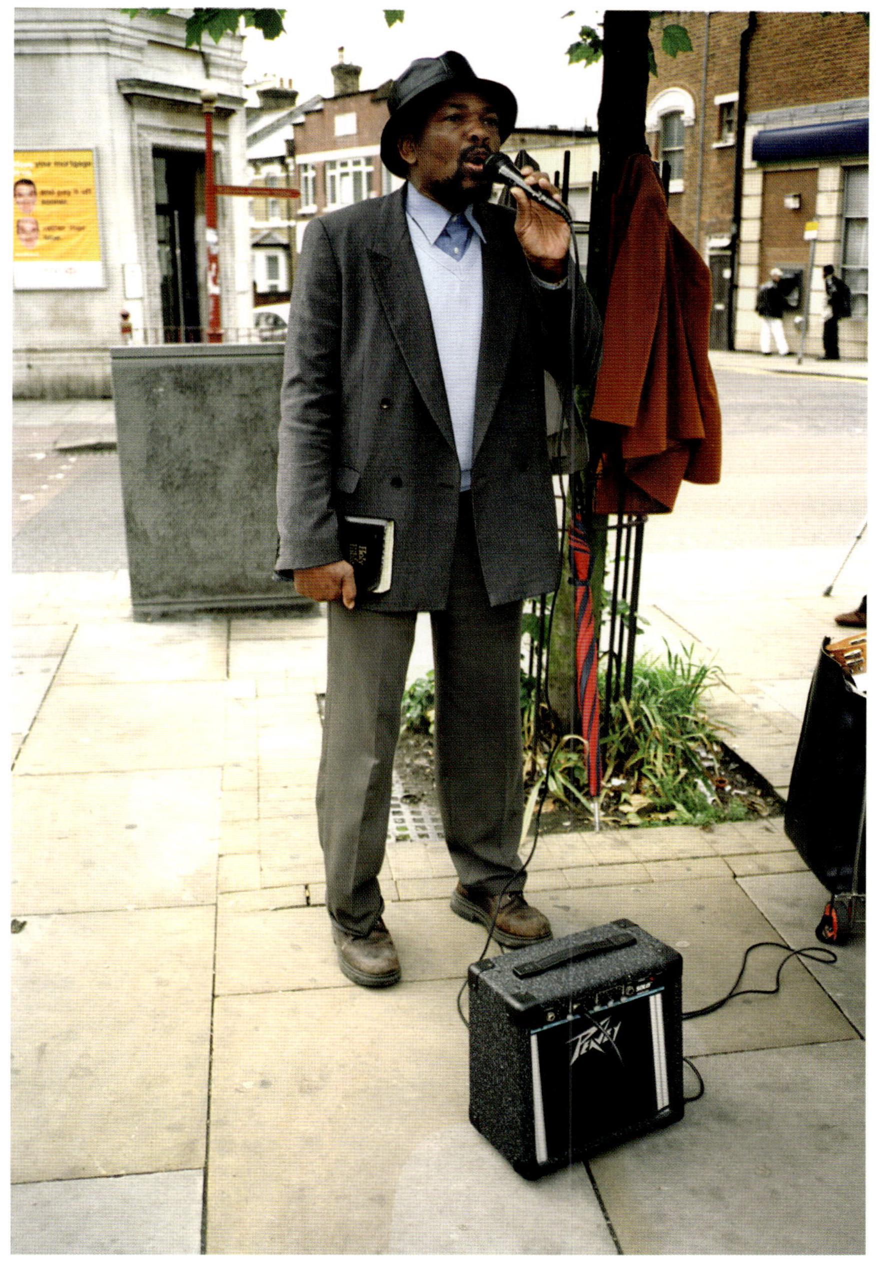

your mortgage
Peavey

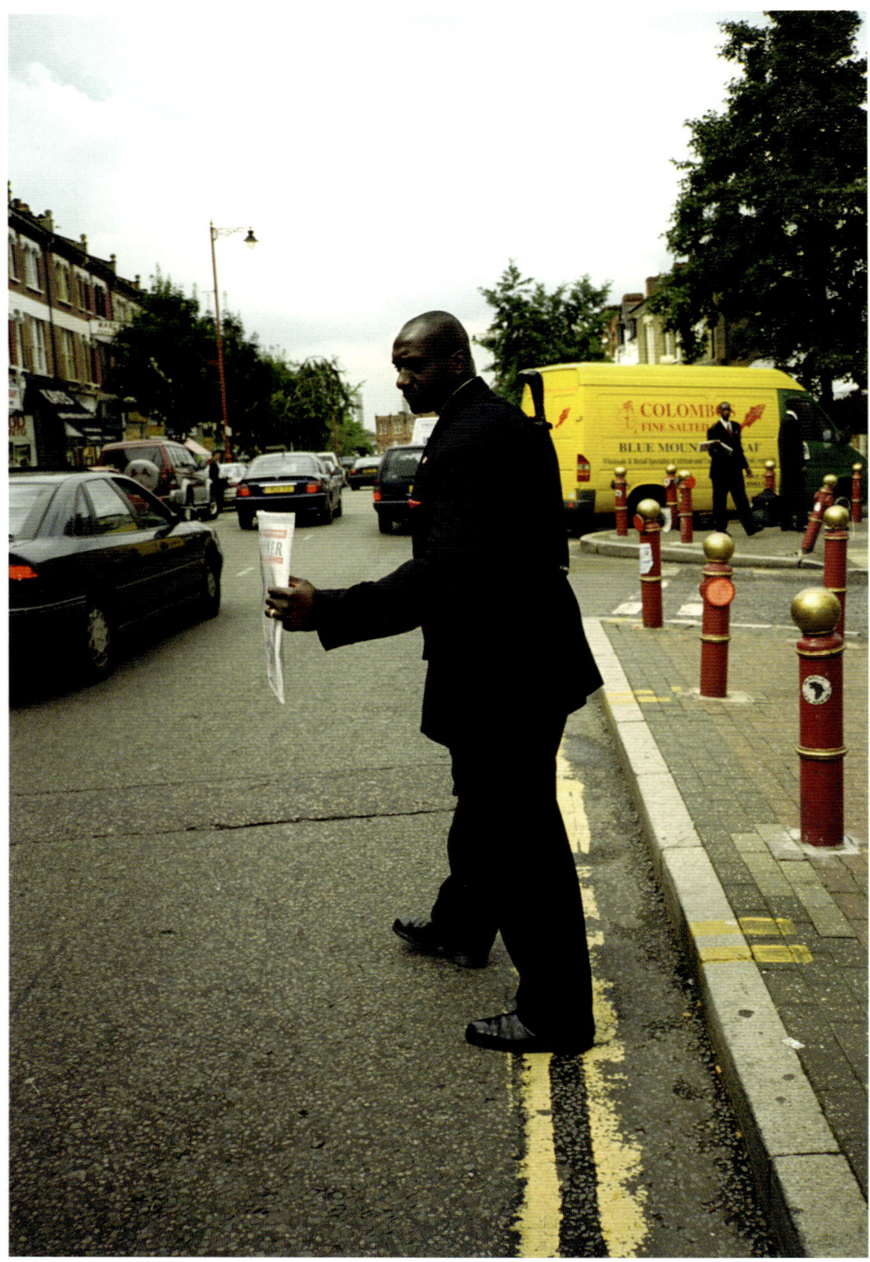

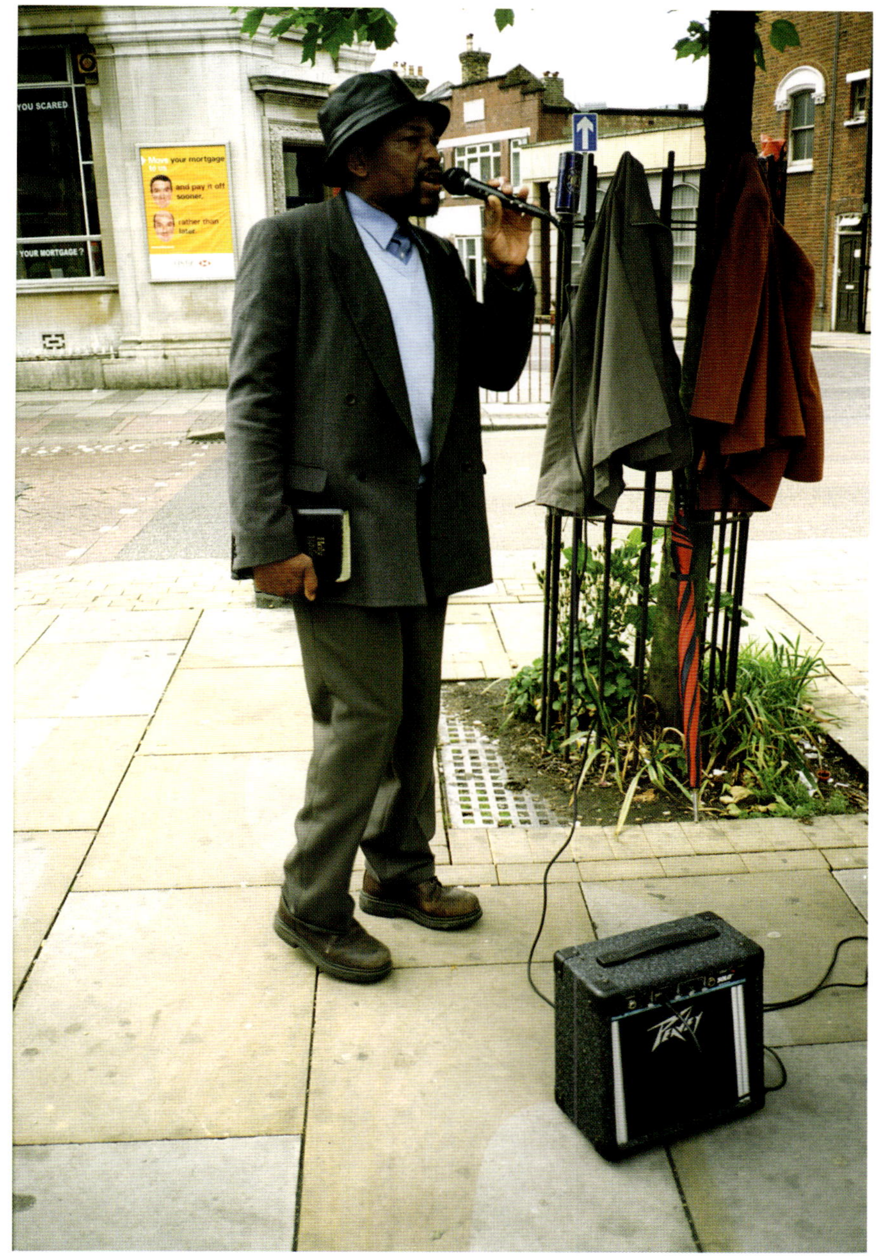
YOU SCARED
YOUR MORTGAGE ?
your mortgage
and pay it off sooner.
rather than later.

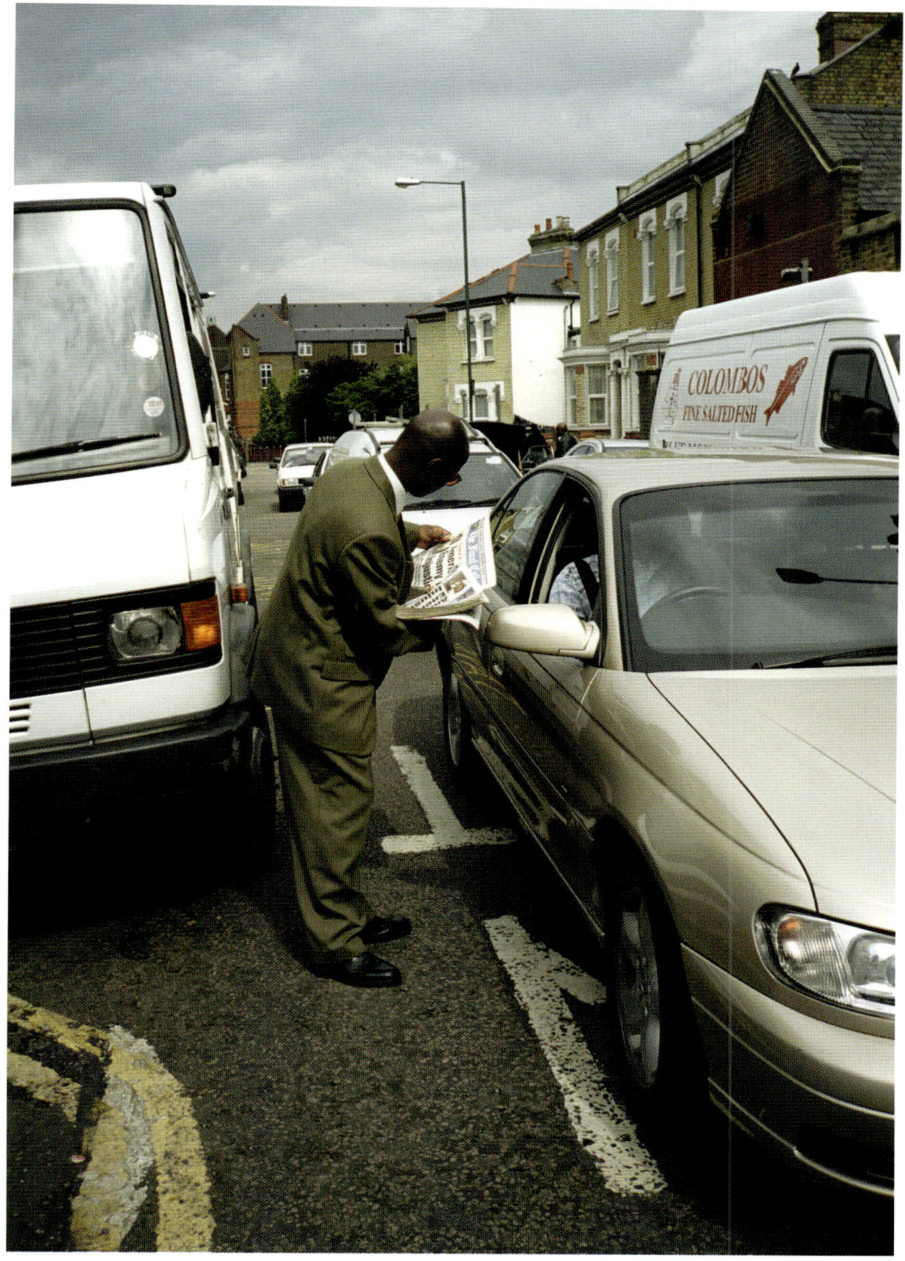
COLOMBOS
FINE SALTED FISH

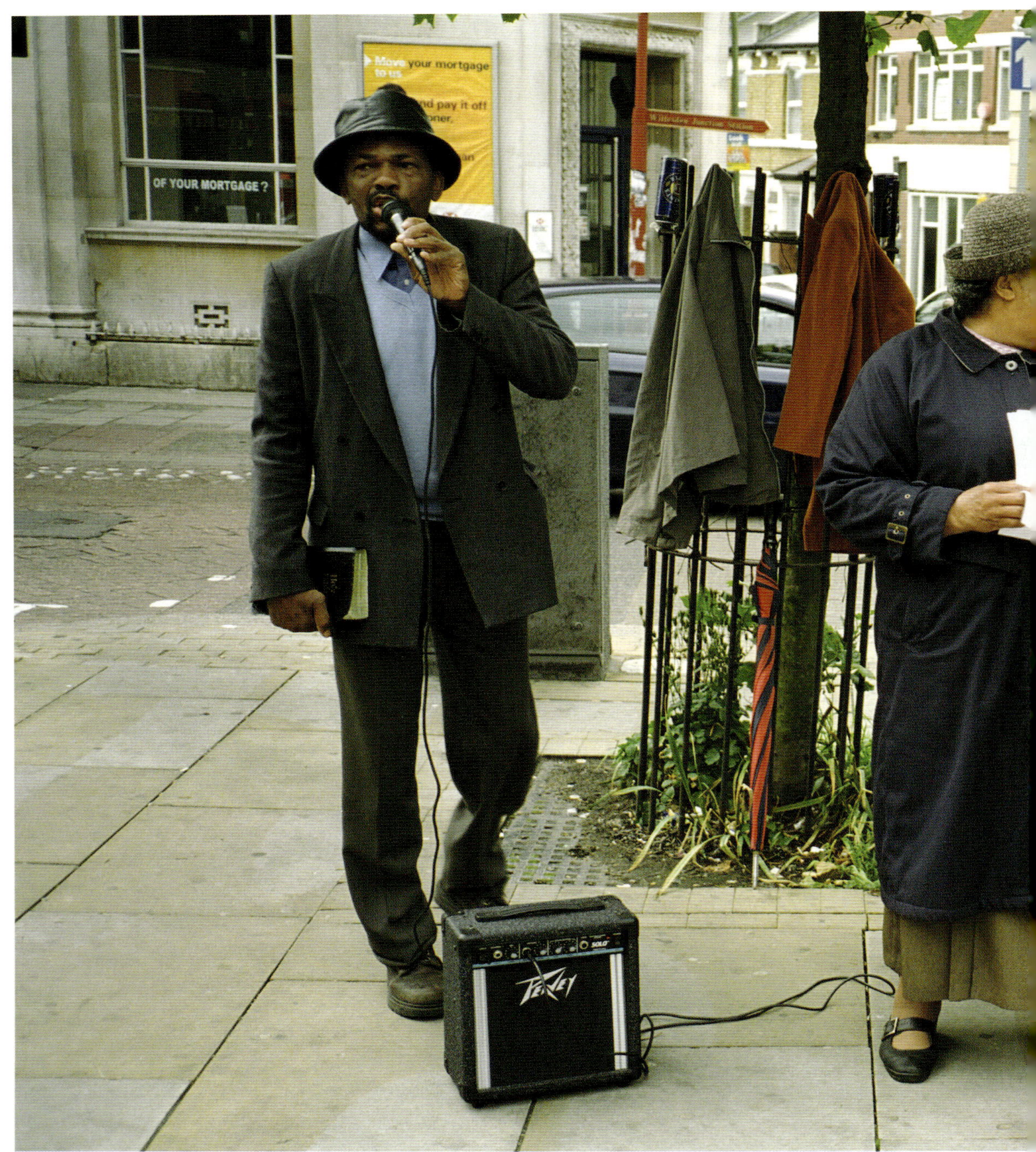
Move your mortgage
to us
OF YOUR MORTGAGE ?
SOLO
PEAVEY

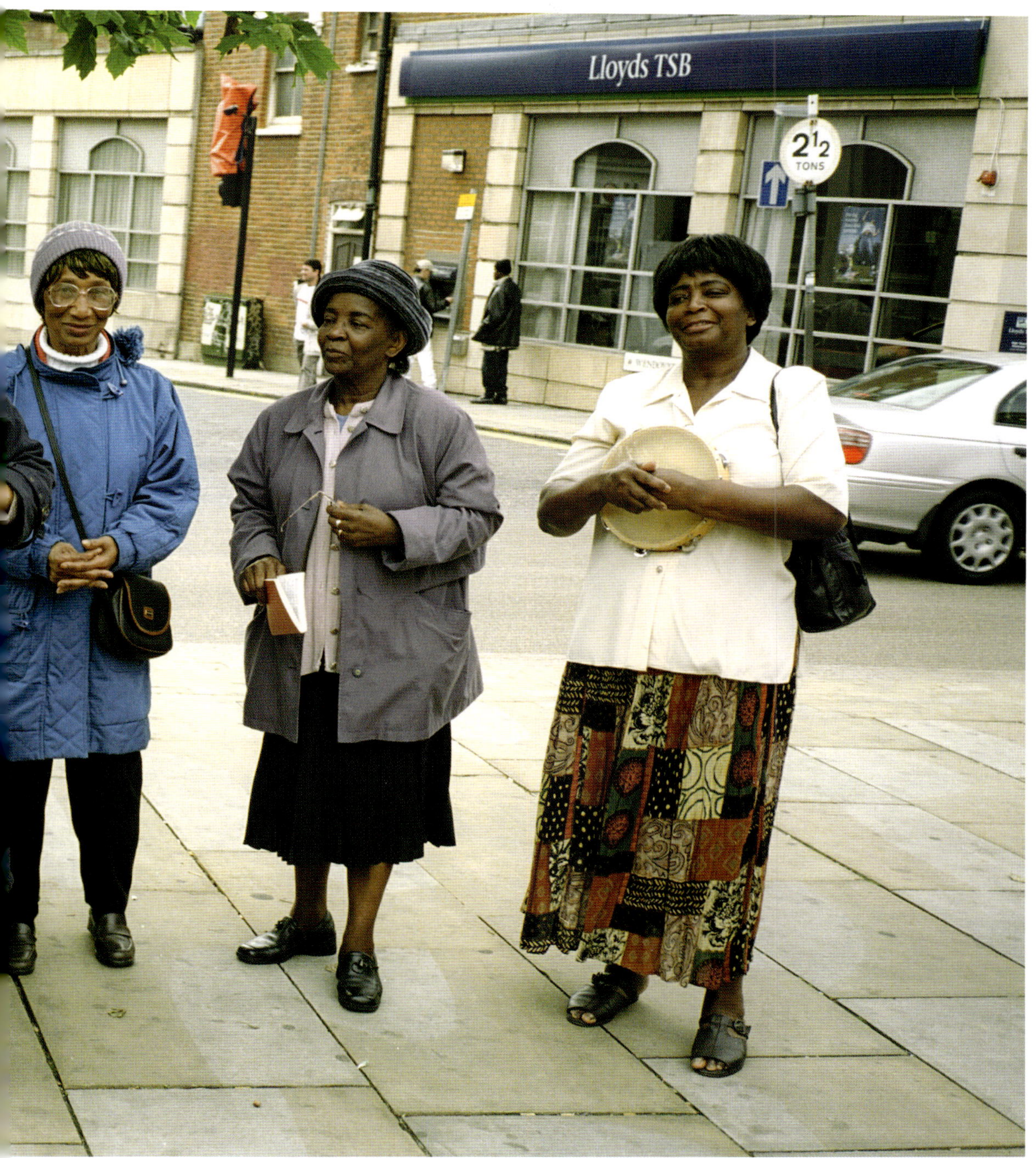
Lloyds TSB
2½
TONS

Domestic Bliss

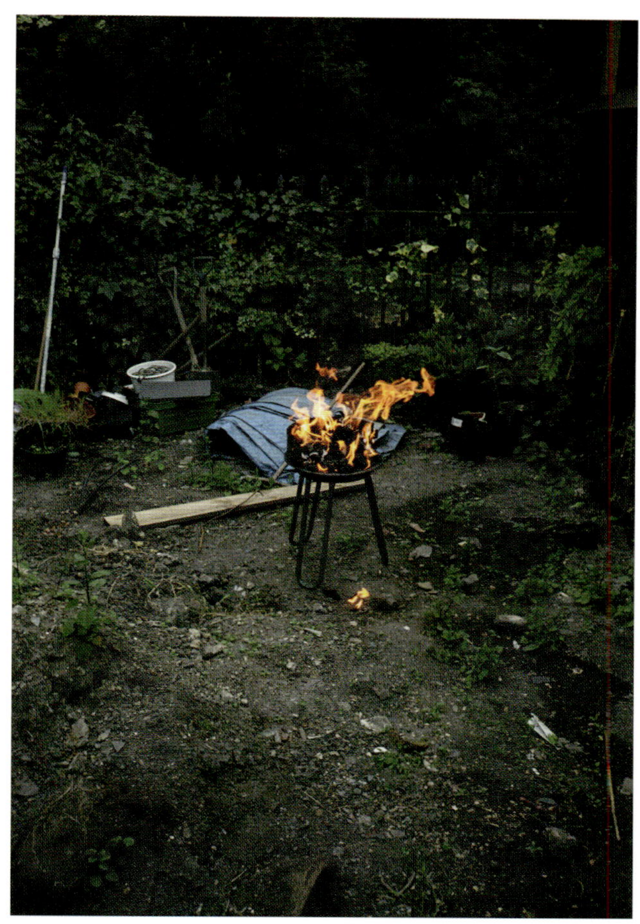

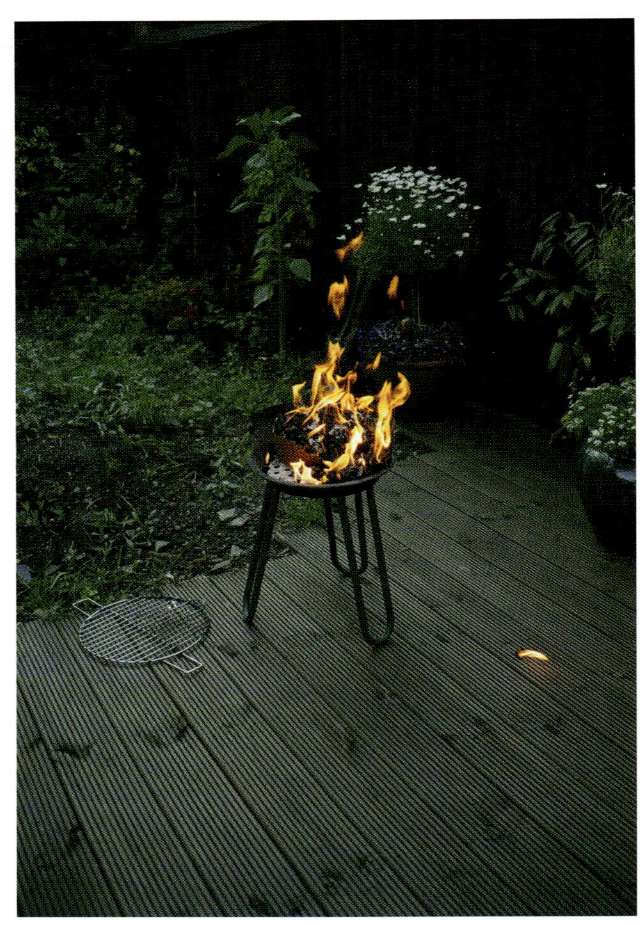

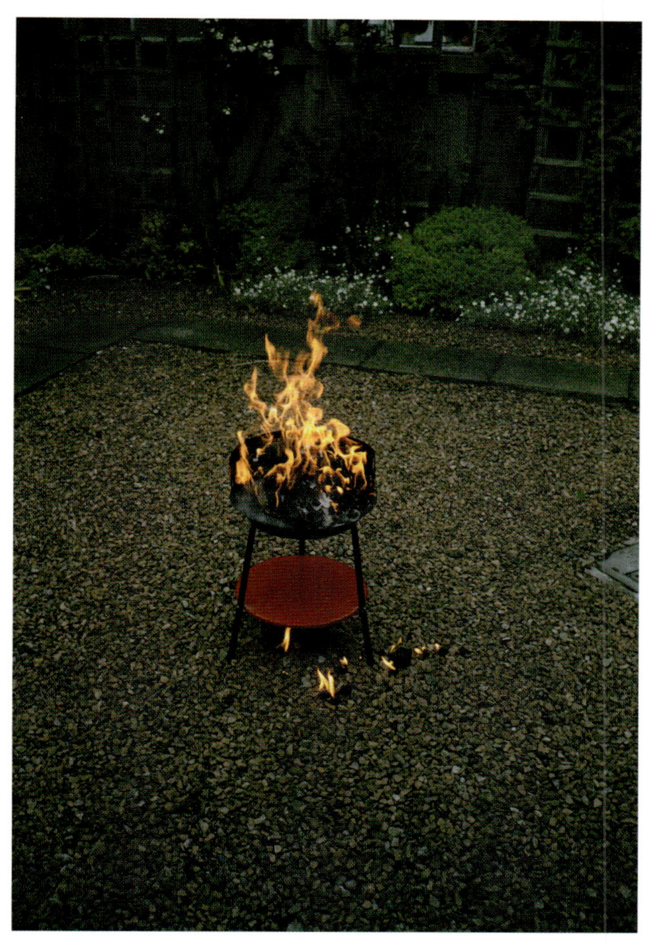

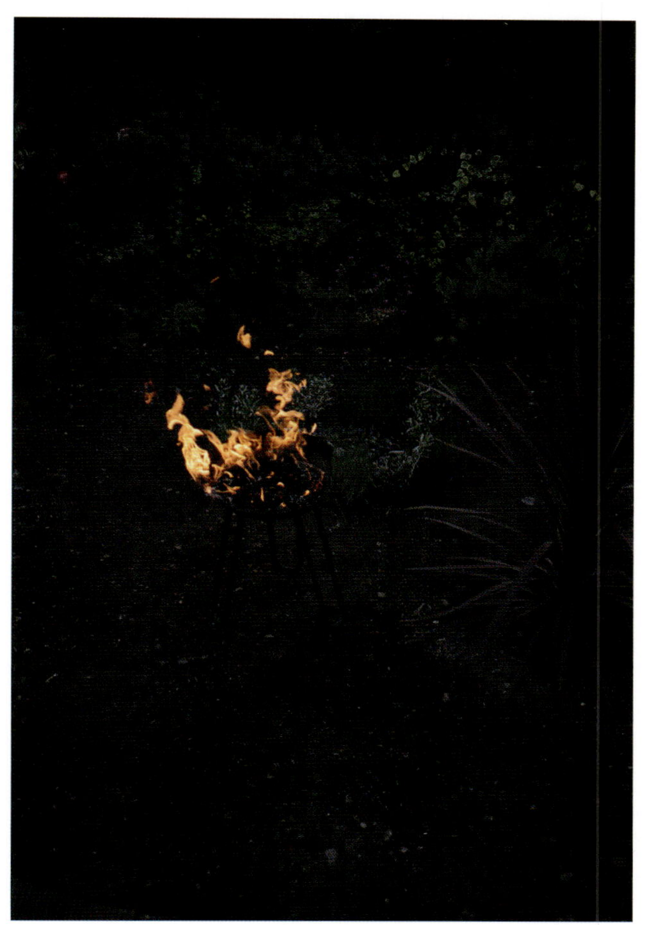

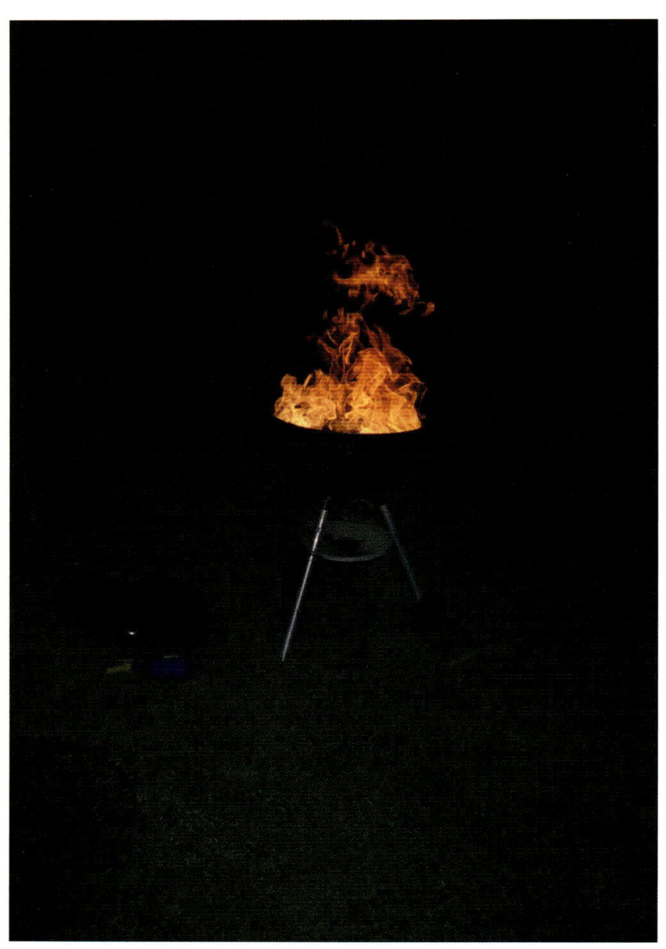

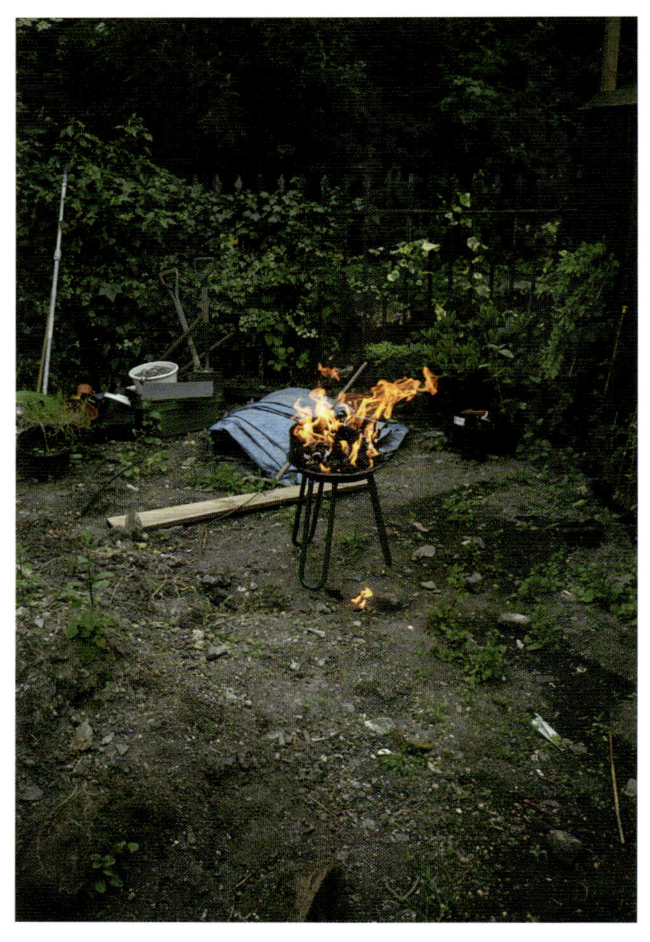

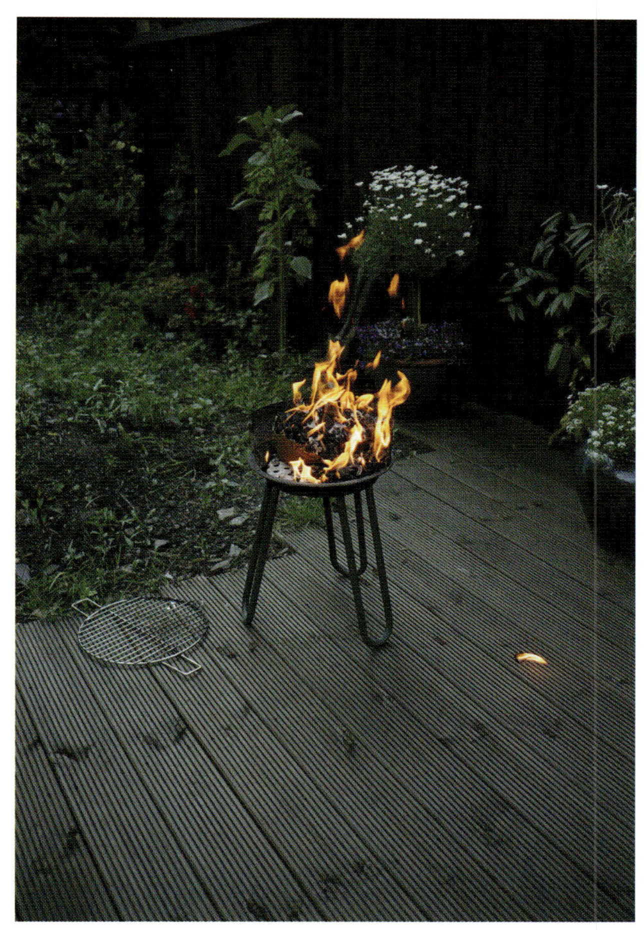

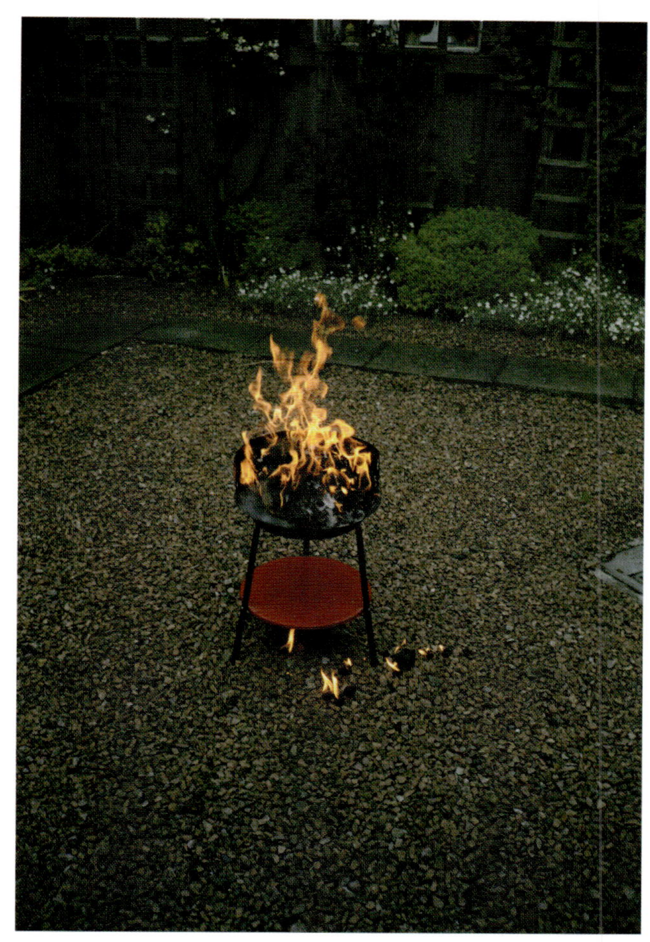

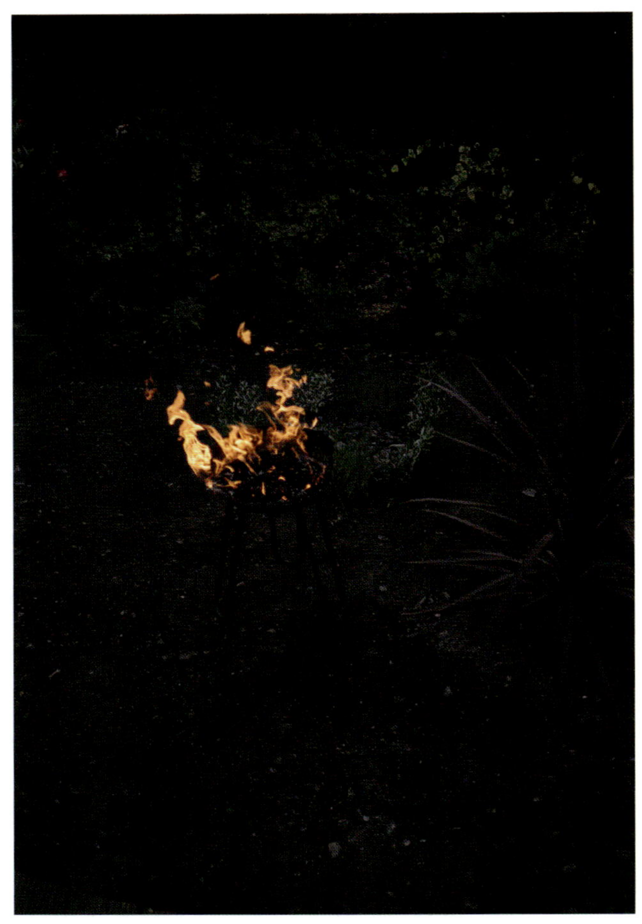

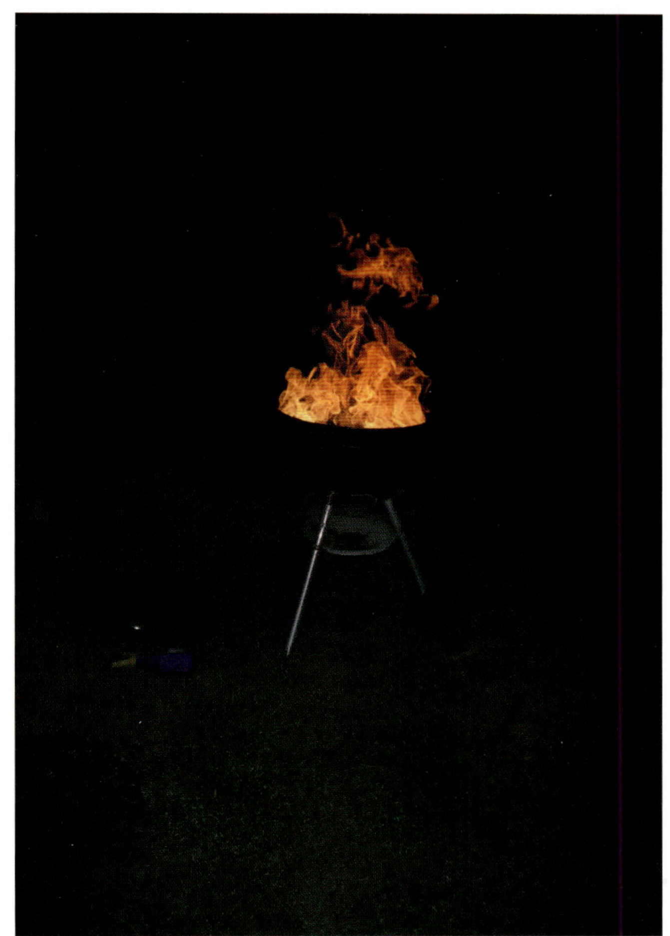

Kate

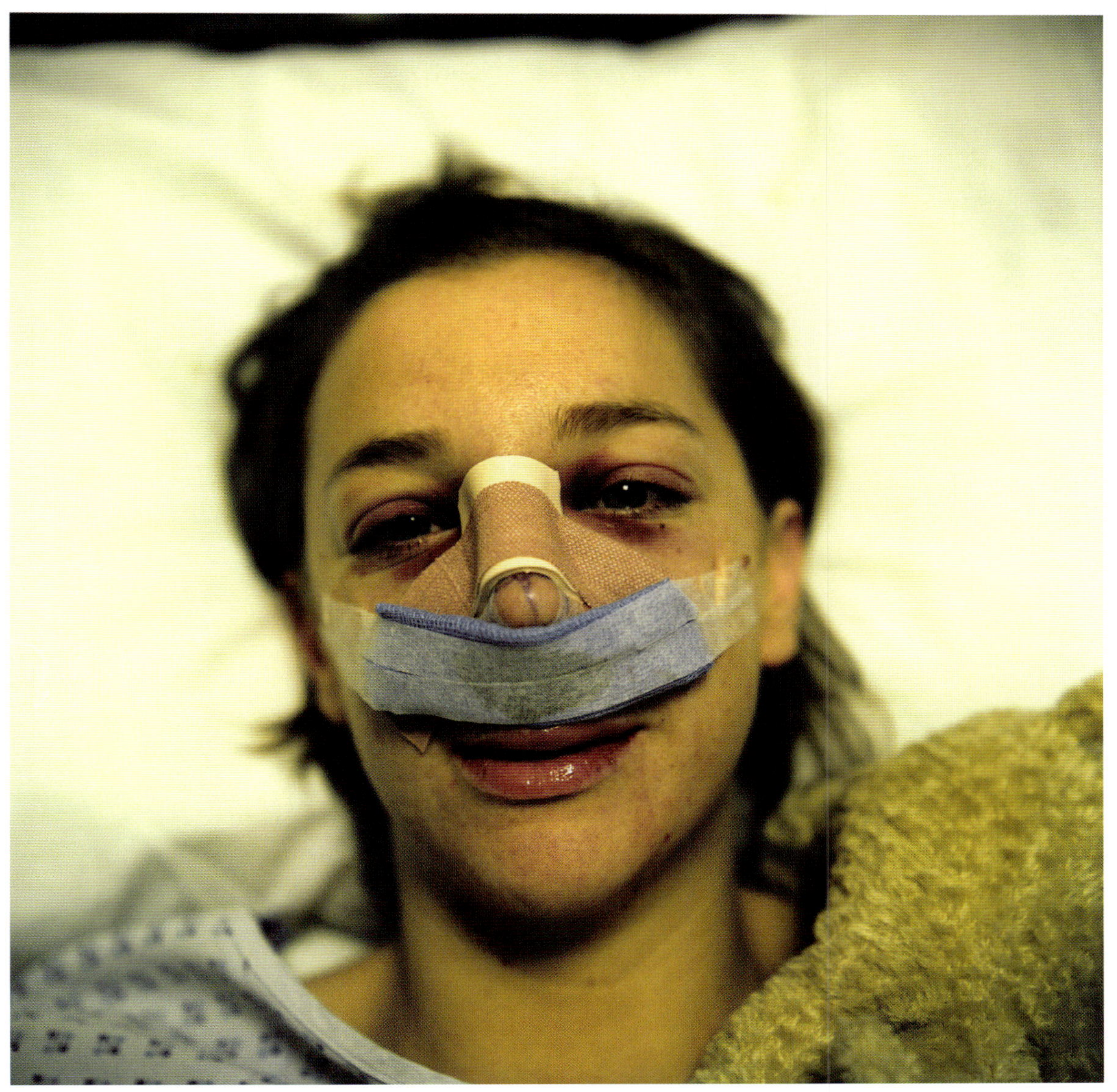

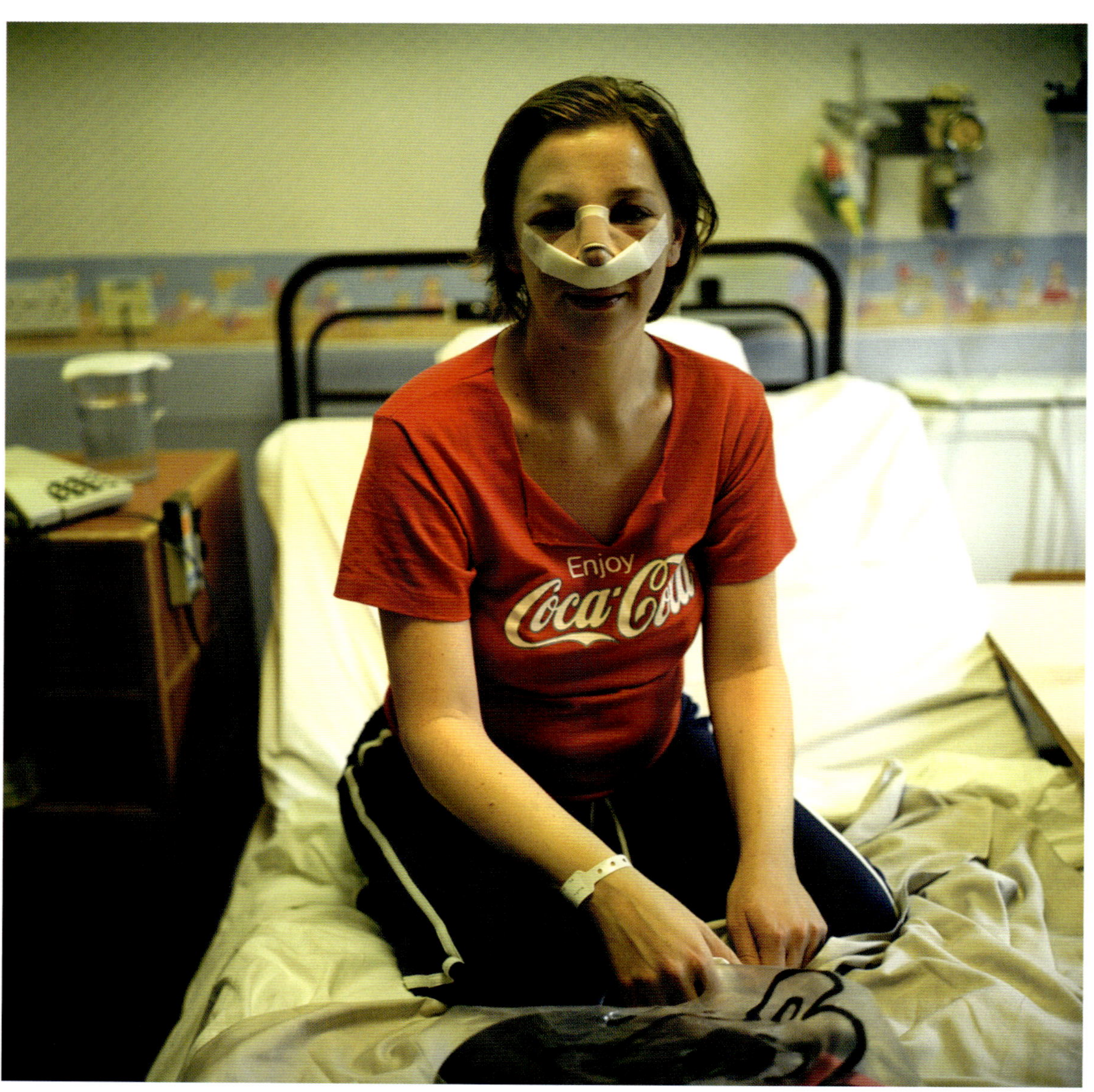
Enjoy
Coca-Cola

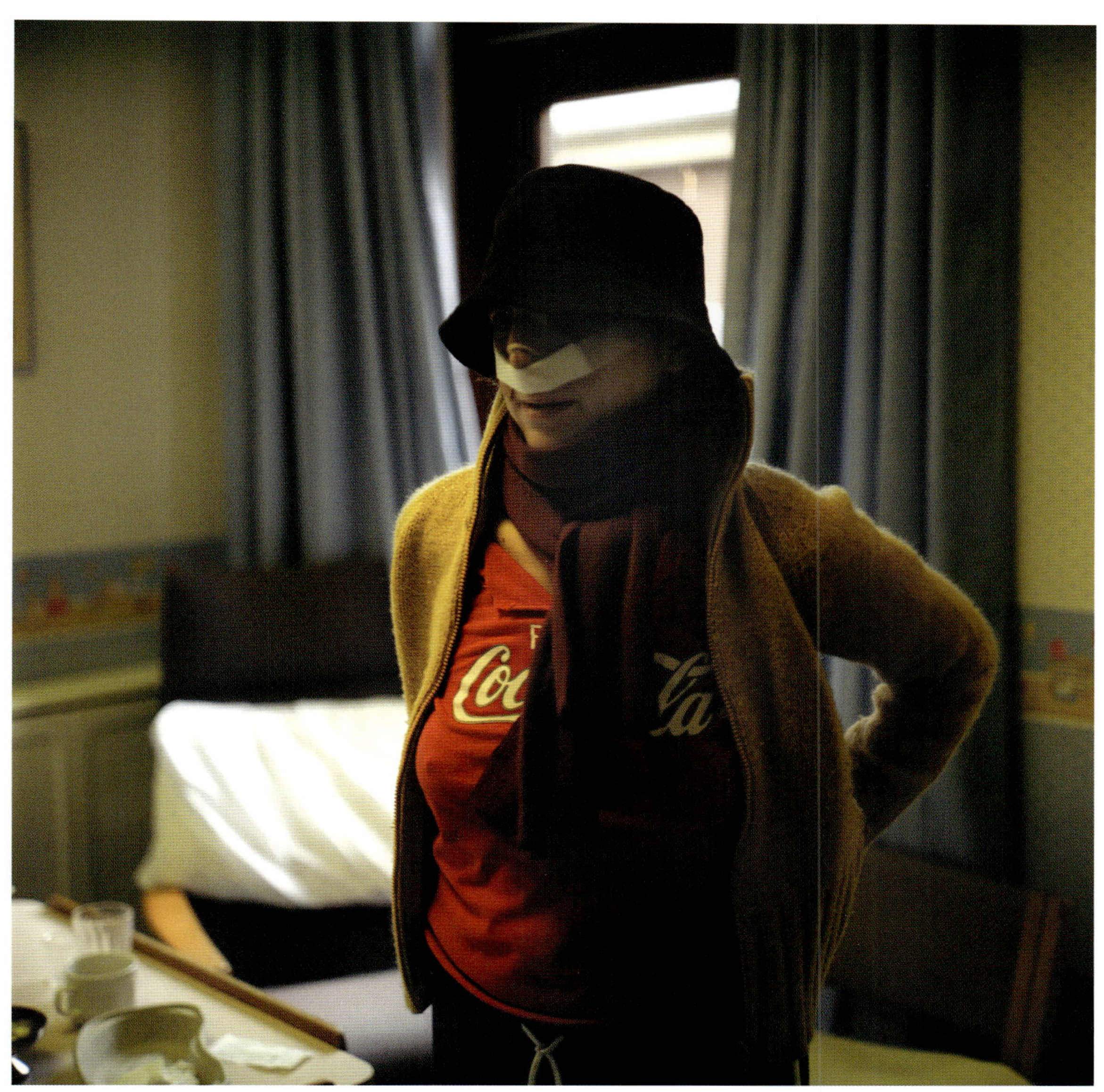

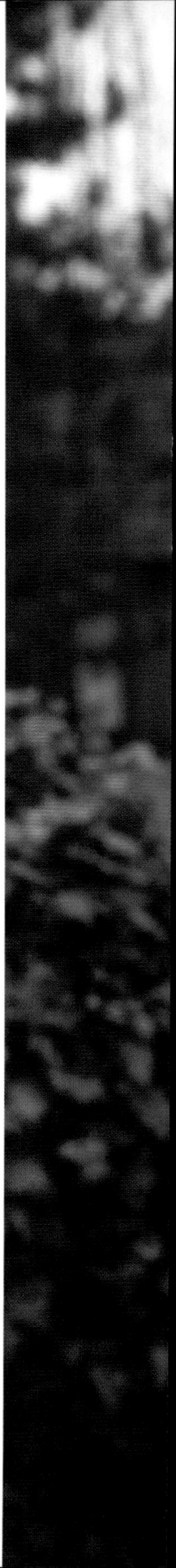

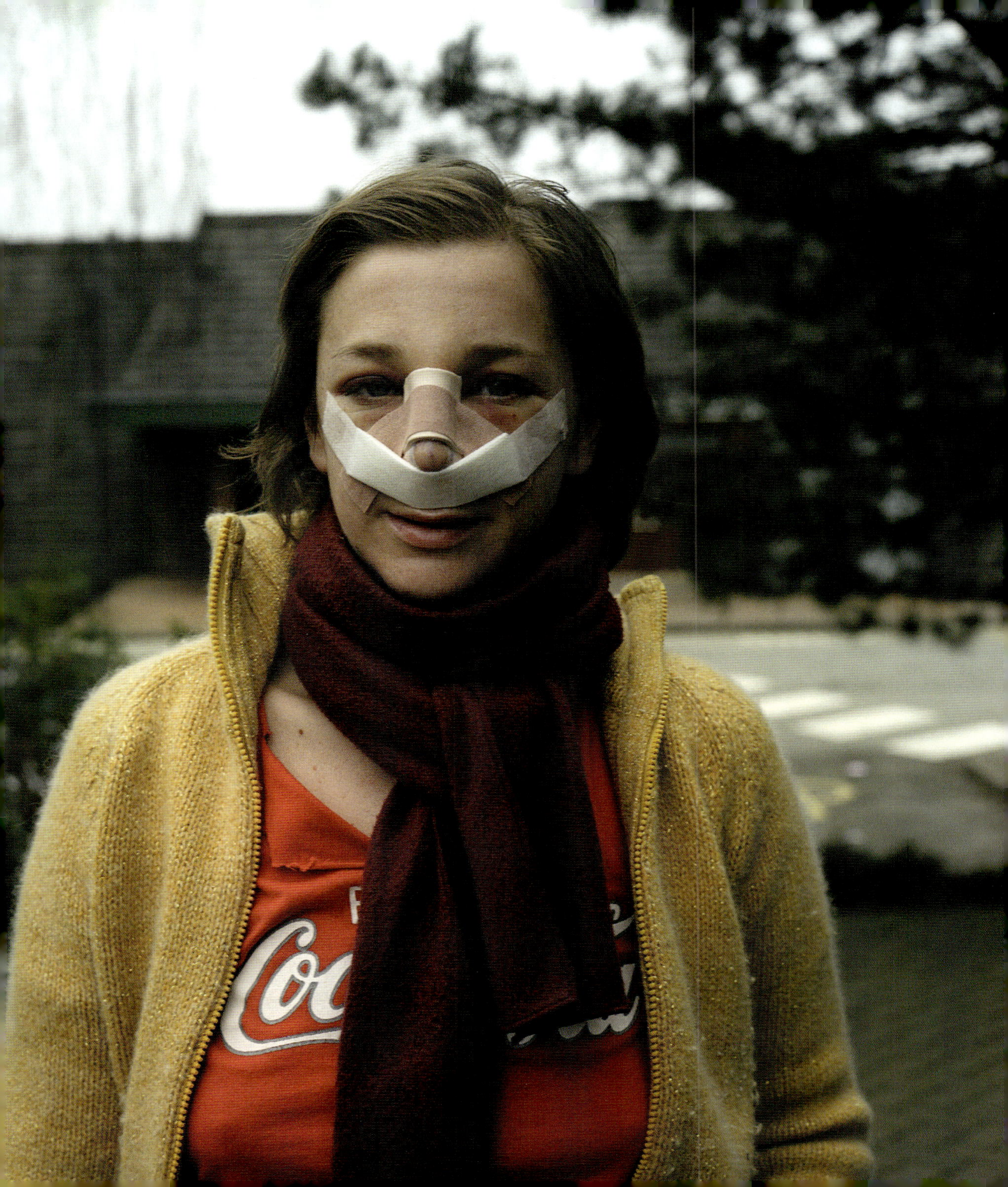

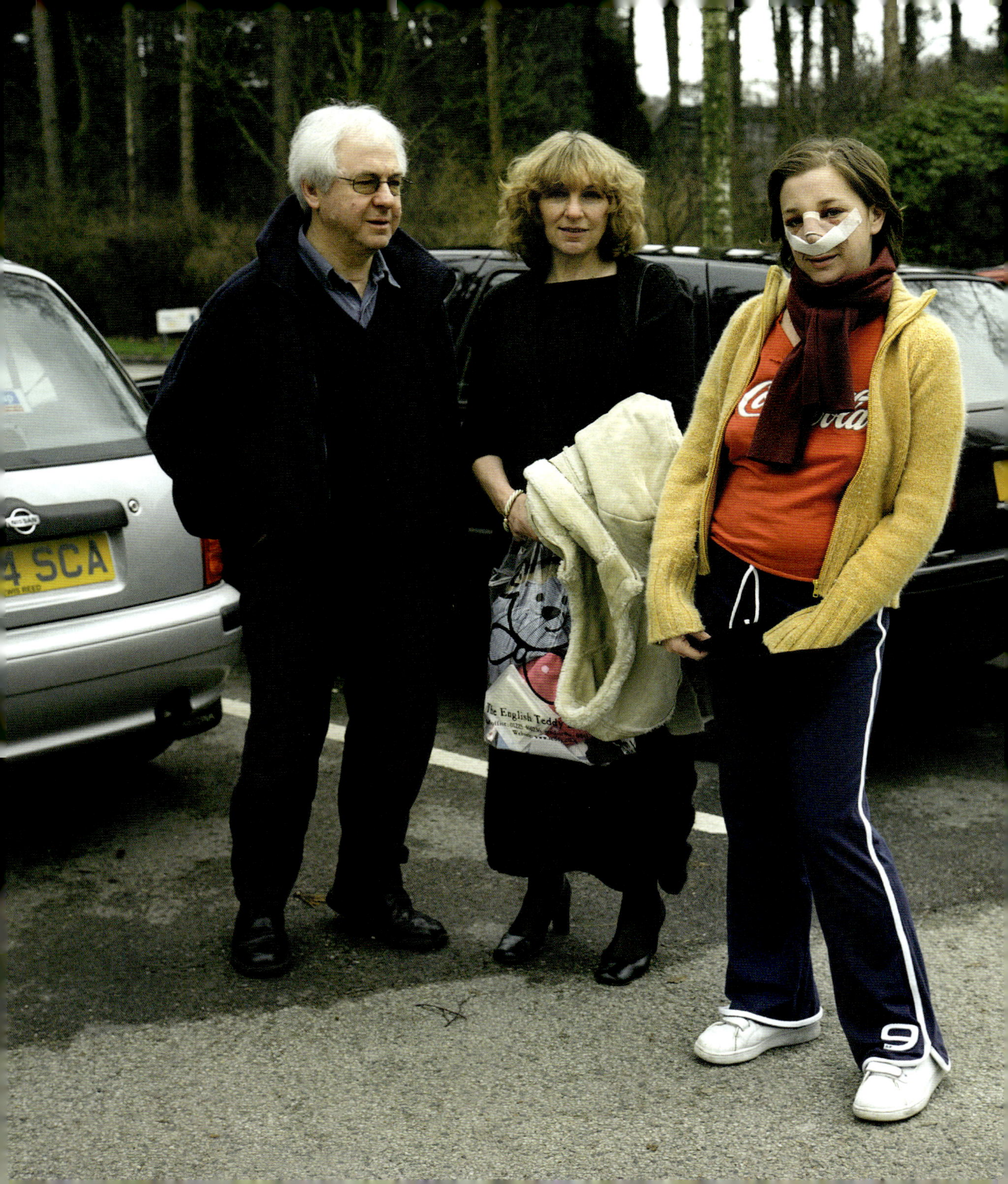
4 SCA
The English Teddy

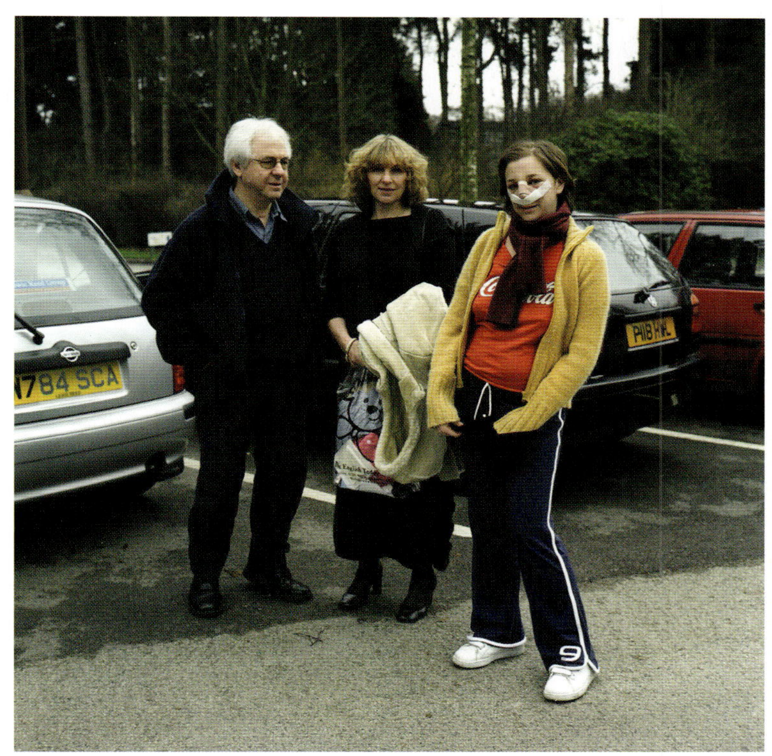
784 SCA

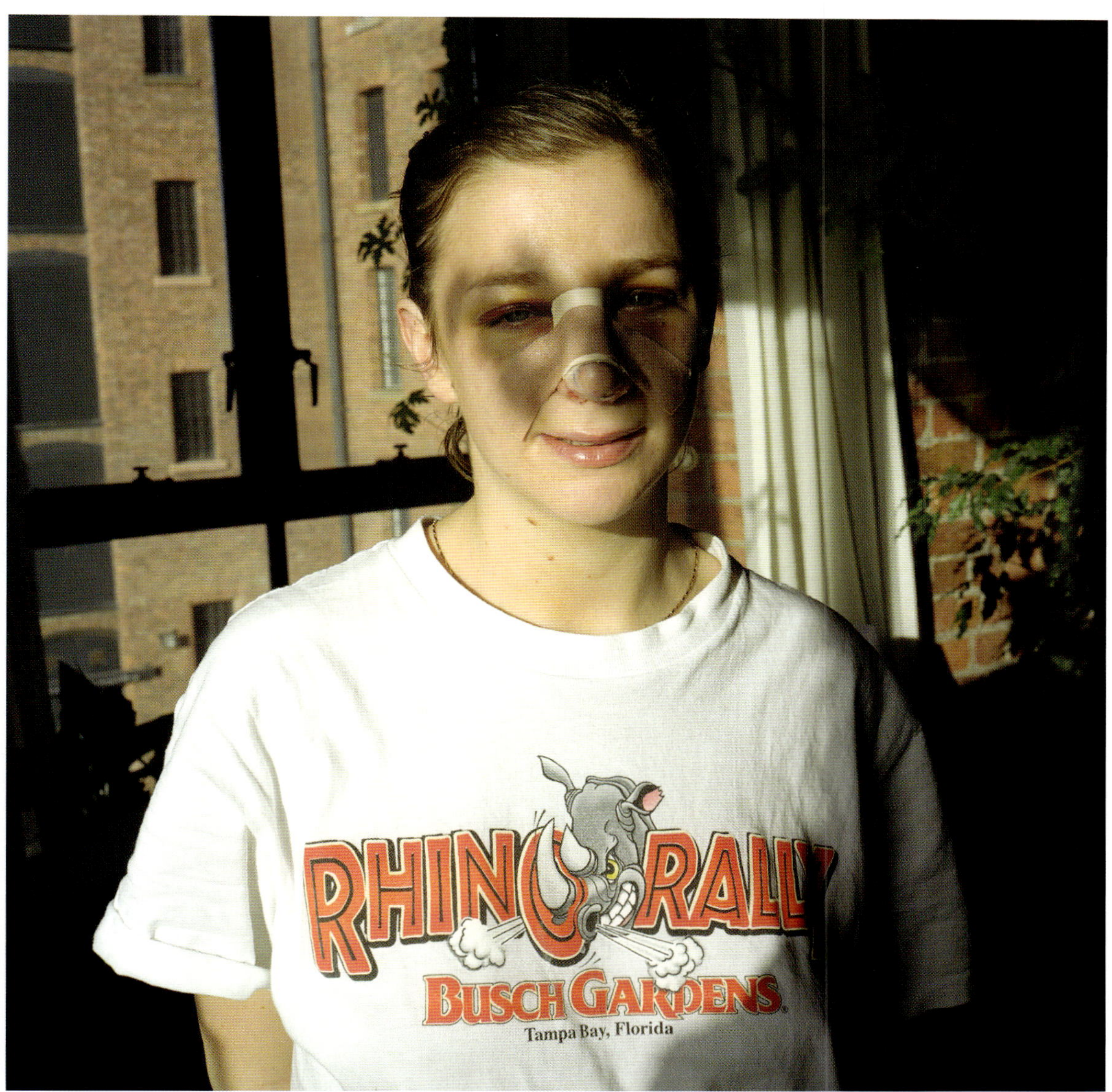
RHINO RALLY
BUSCH GARDENS®
Tampa Bay, Florida

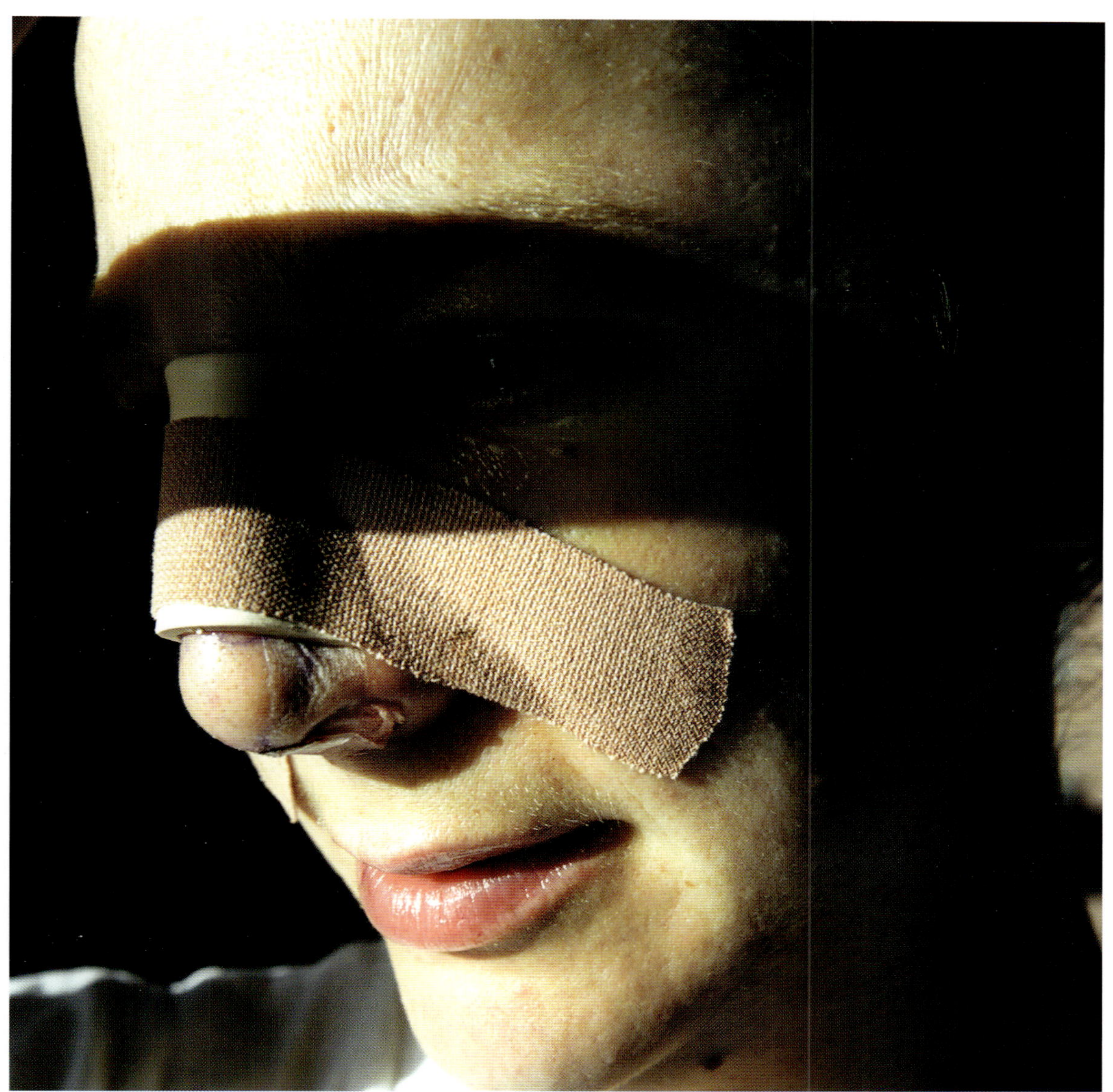

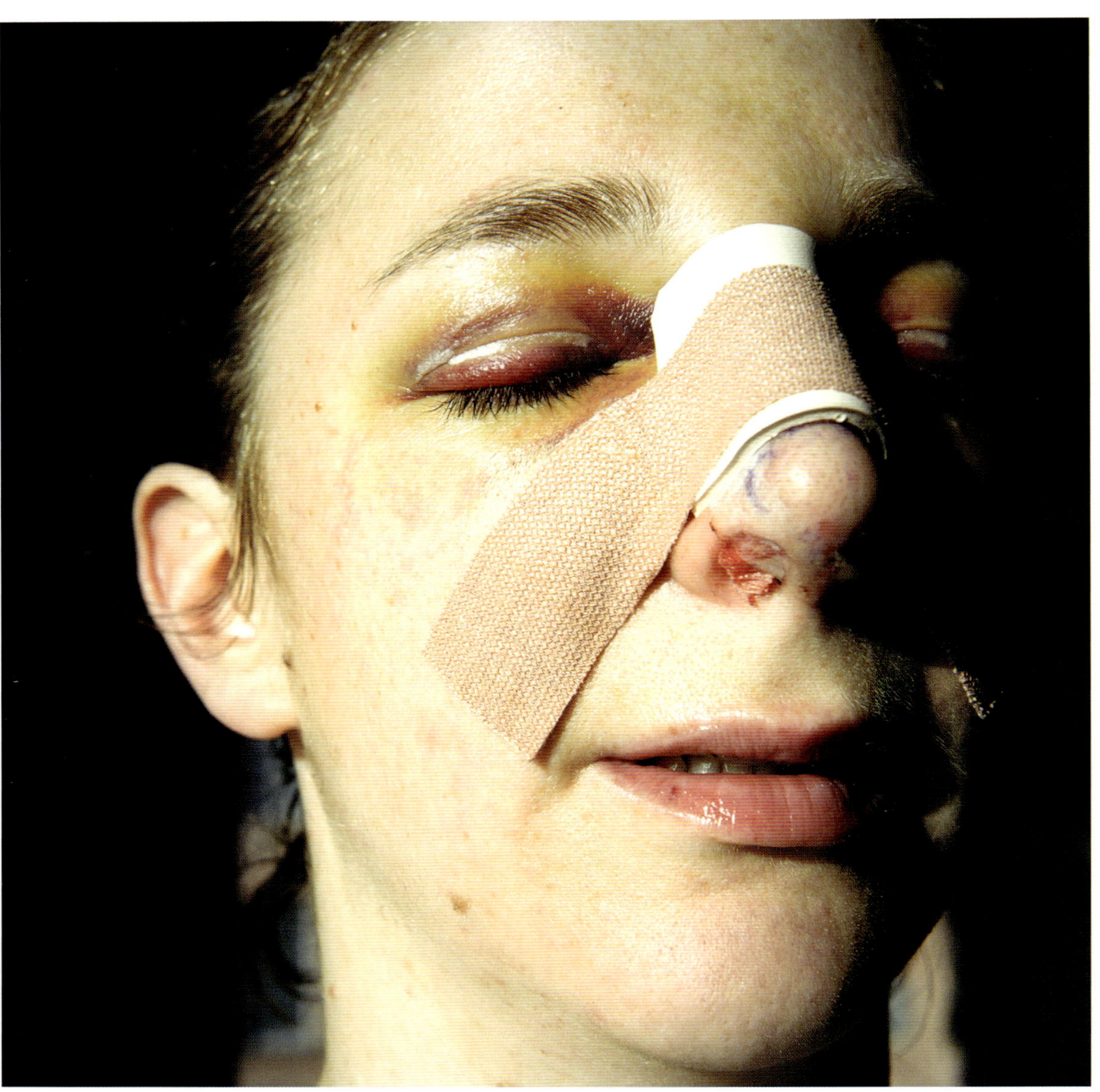

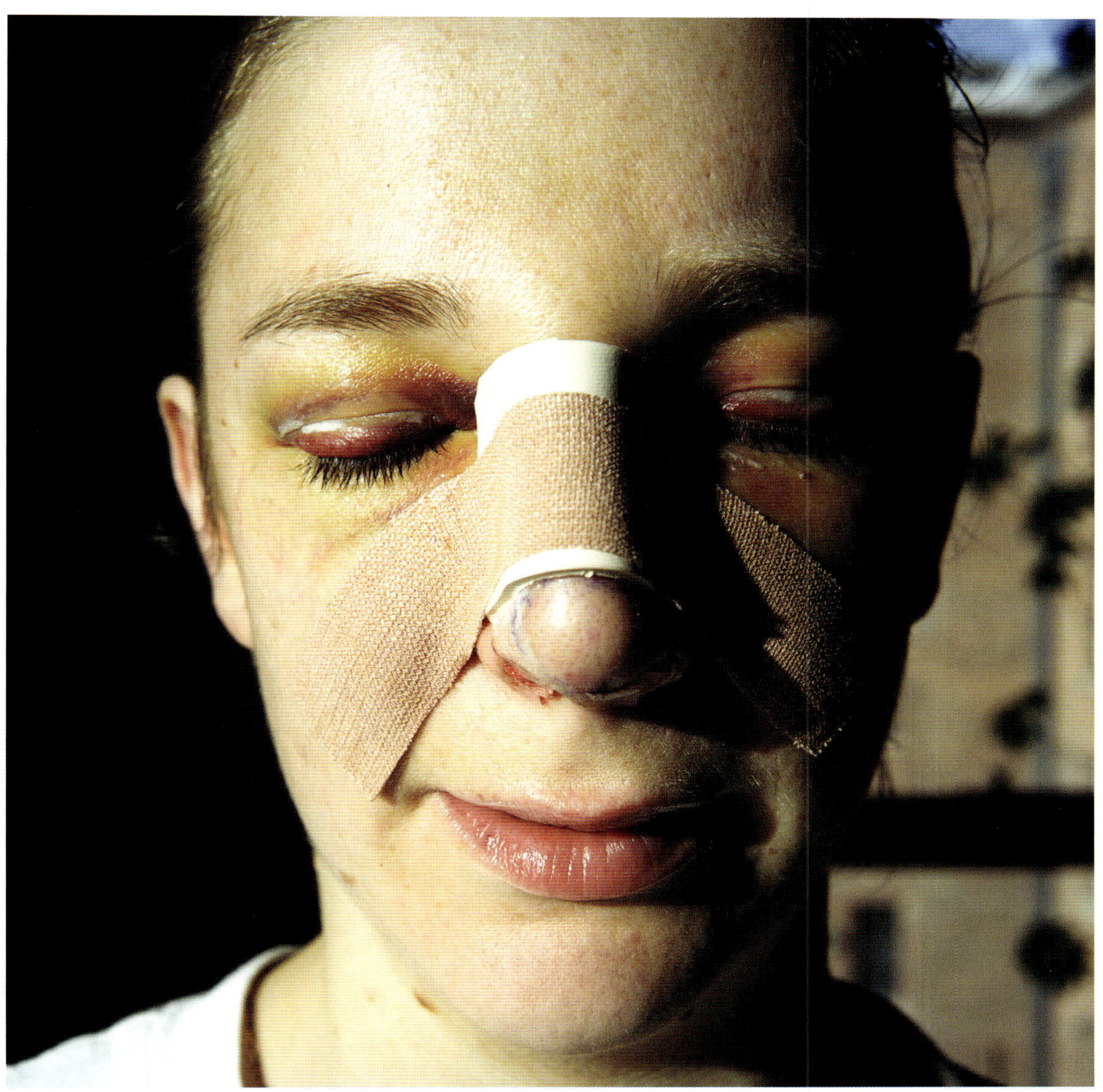

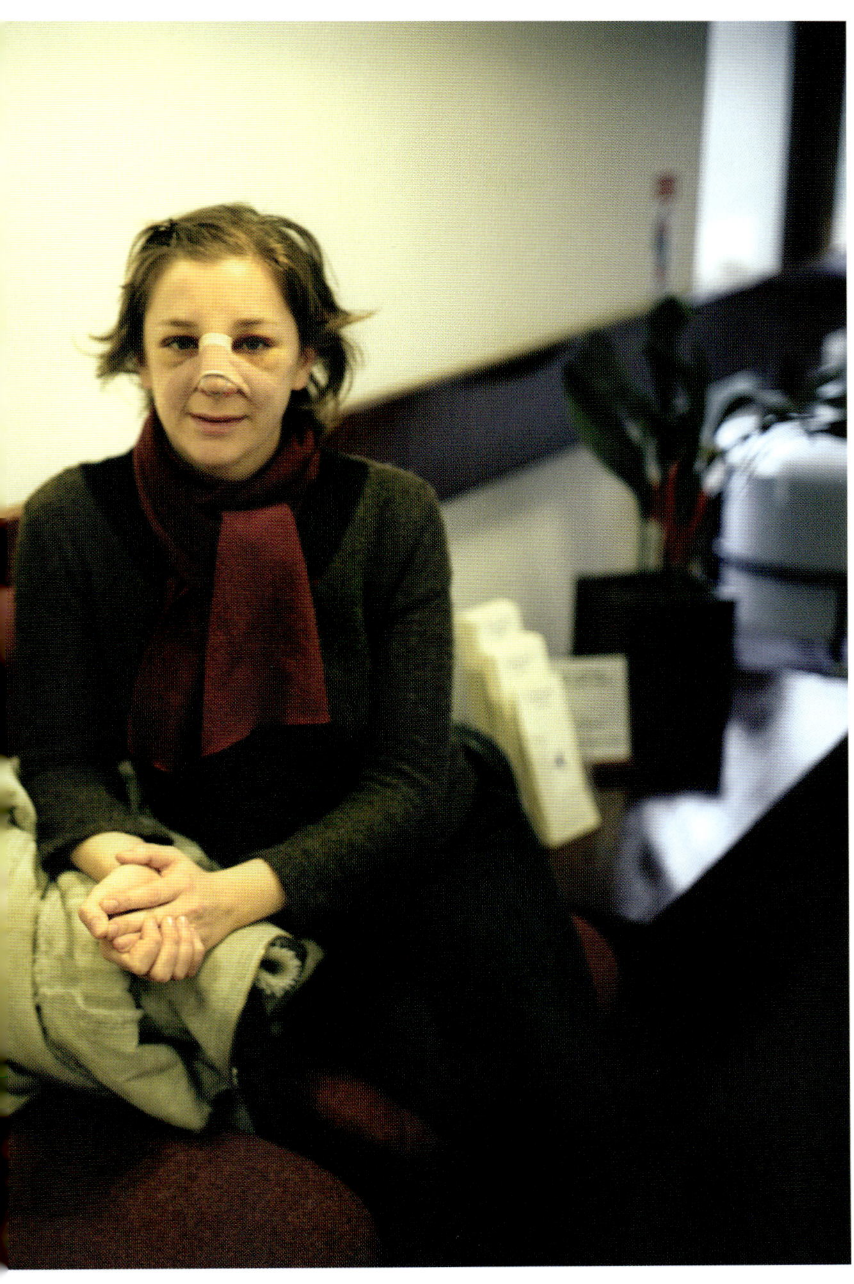

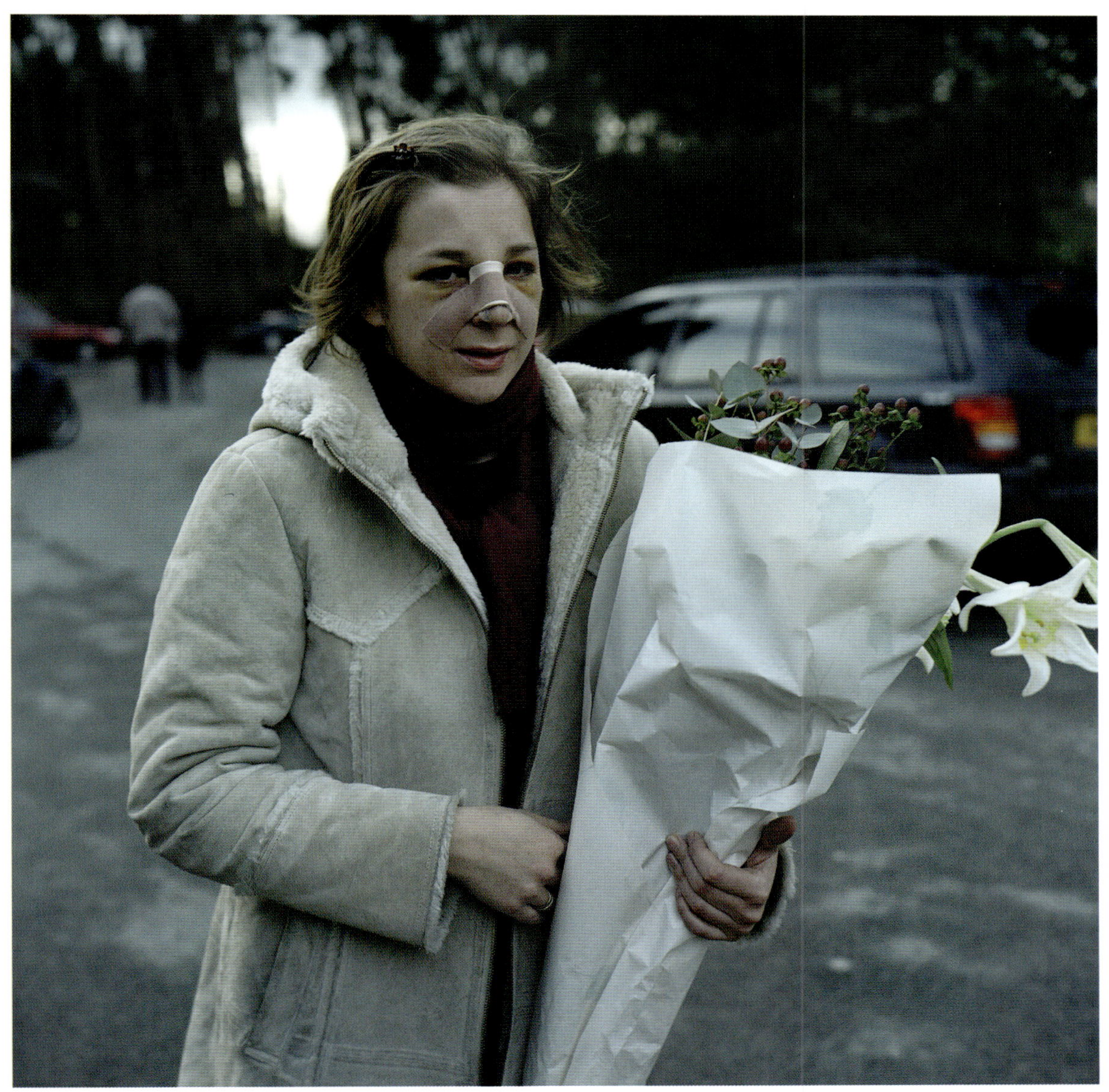

Star City

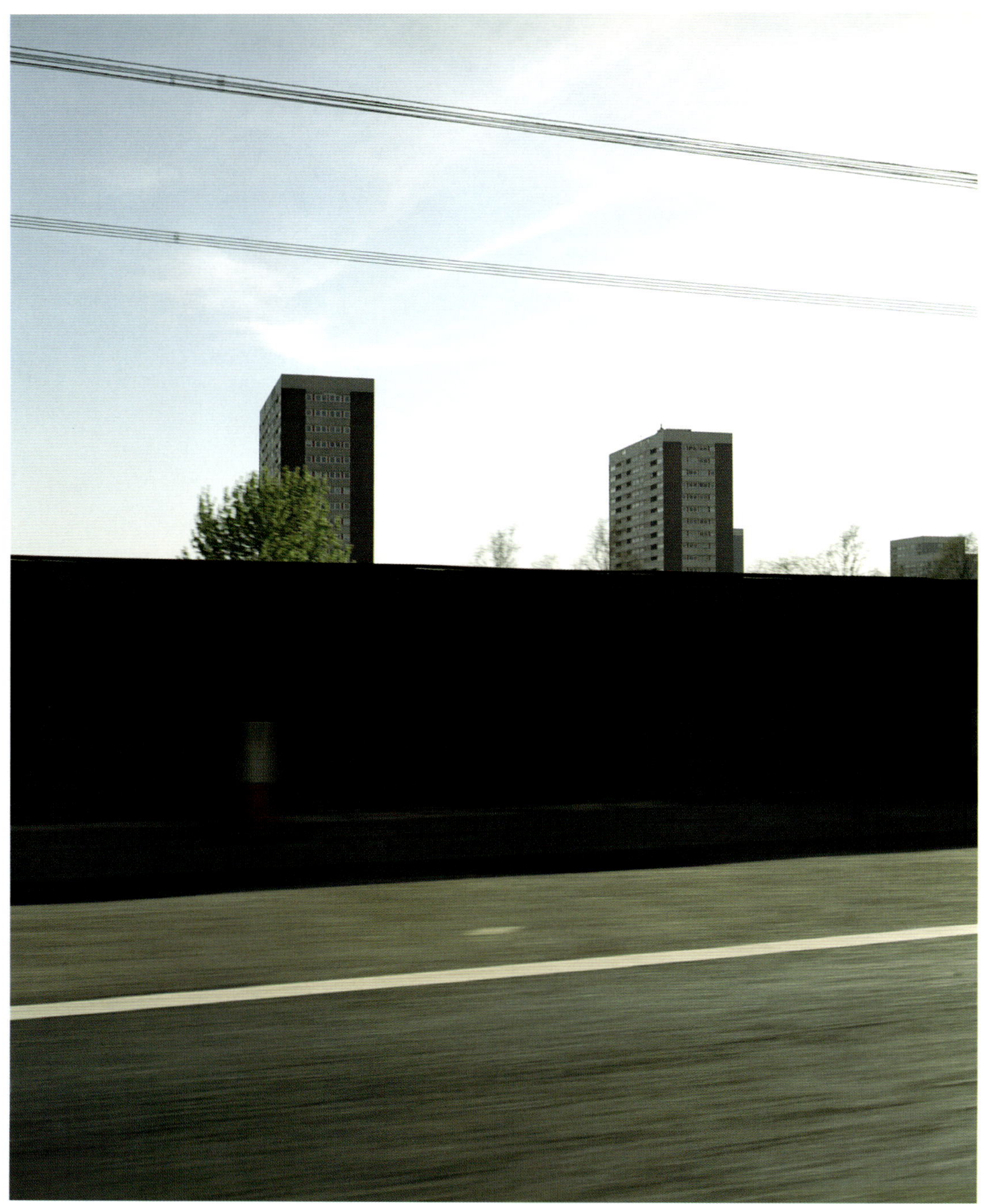

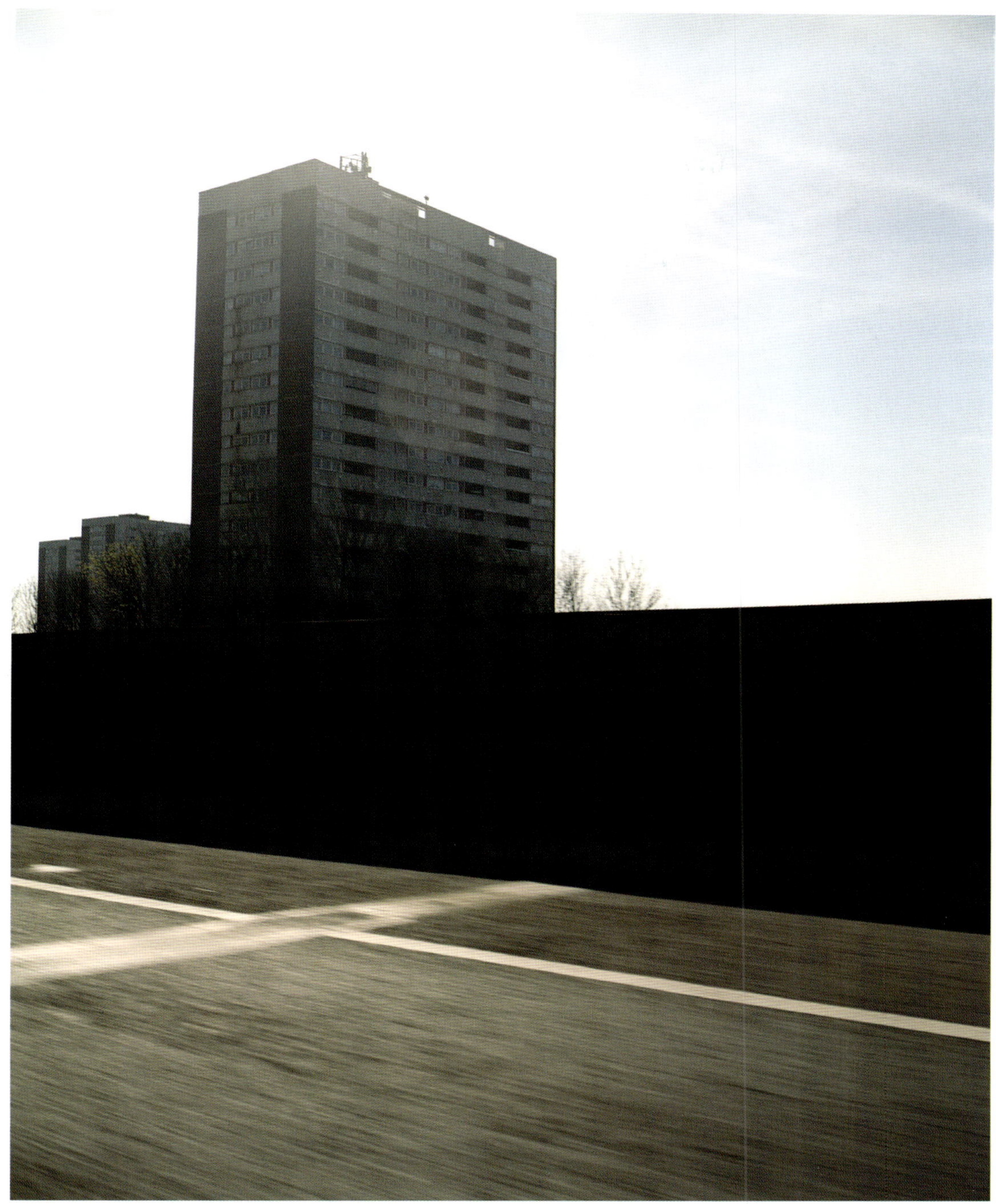

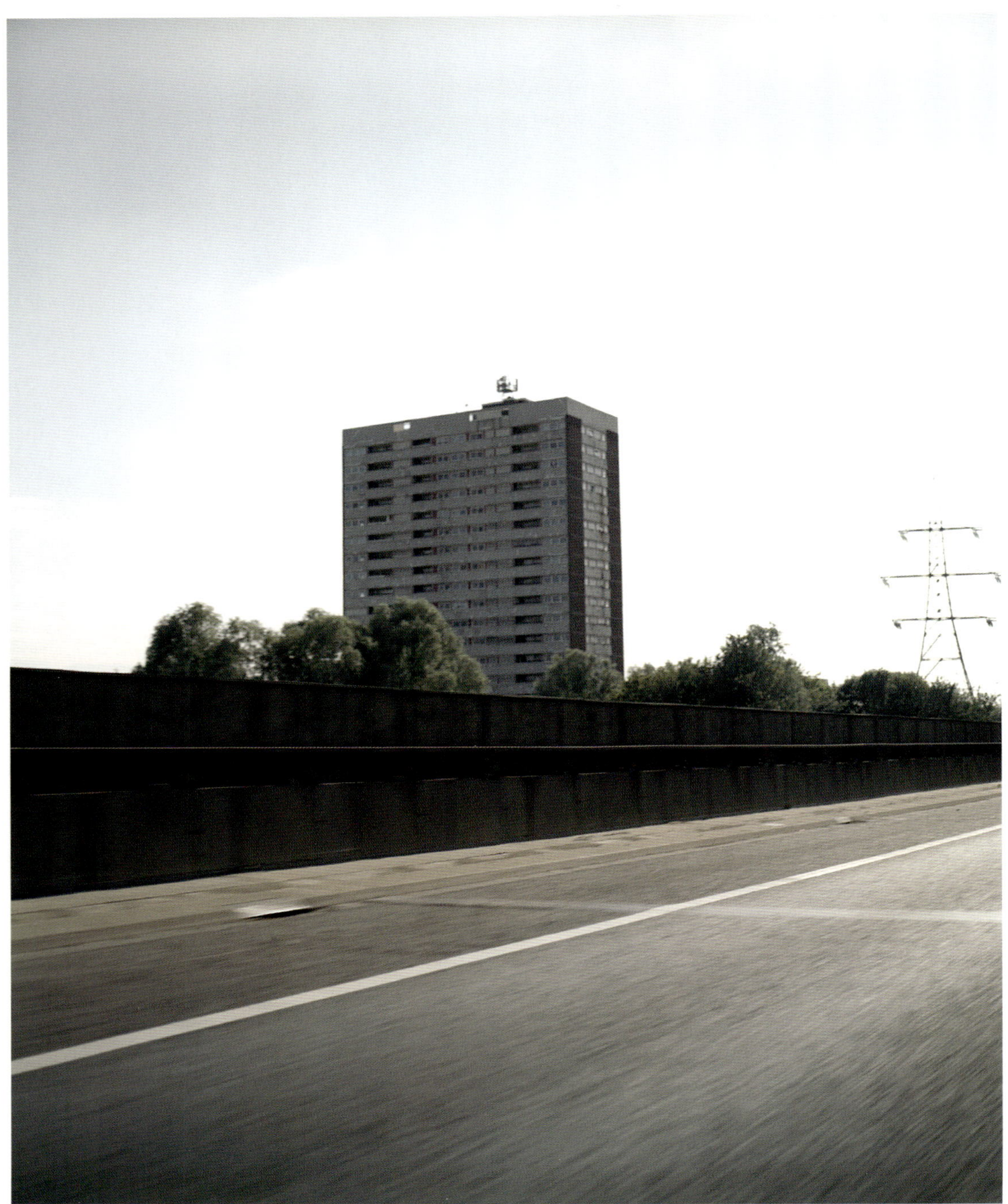

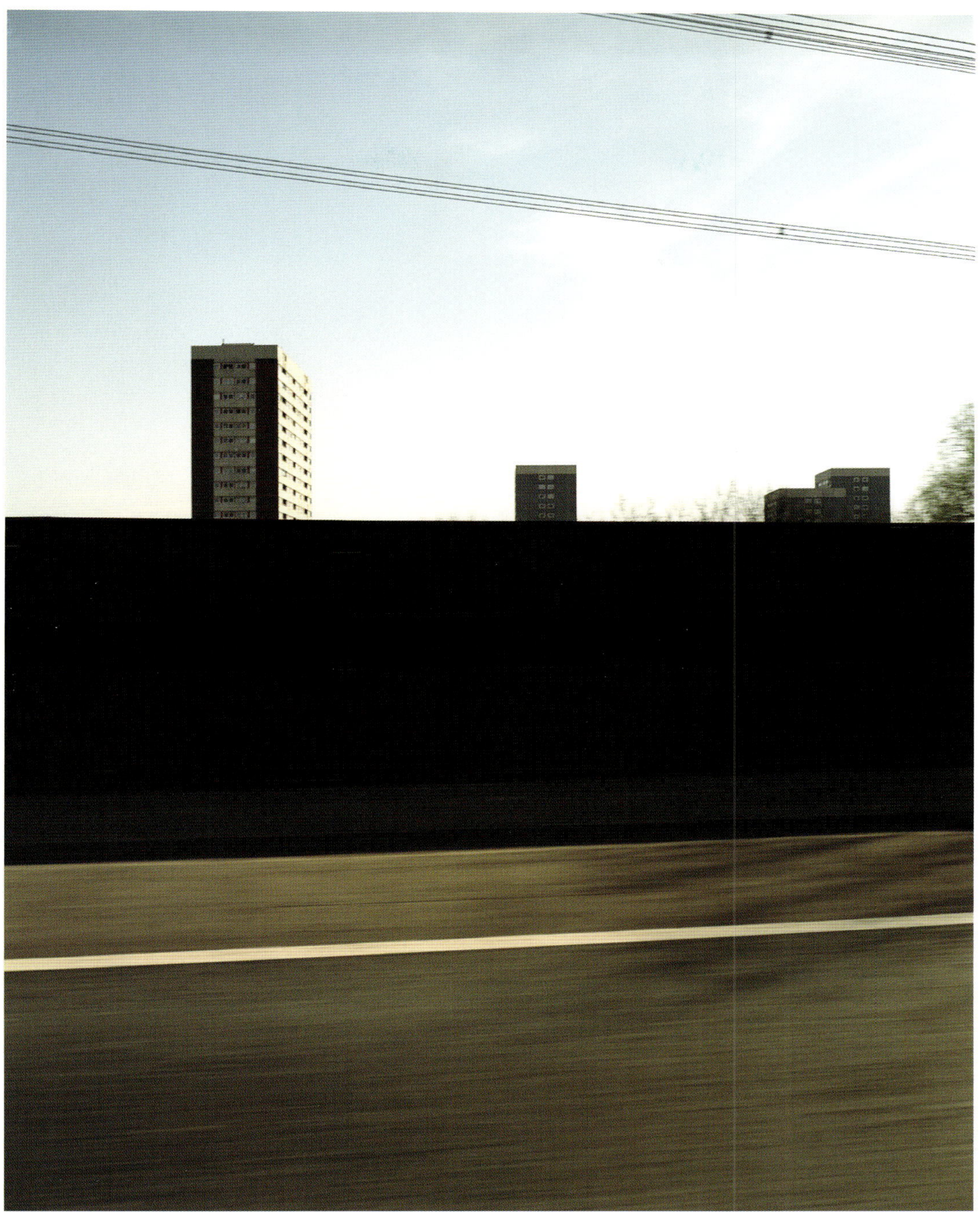

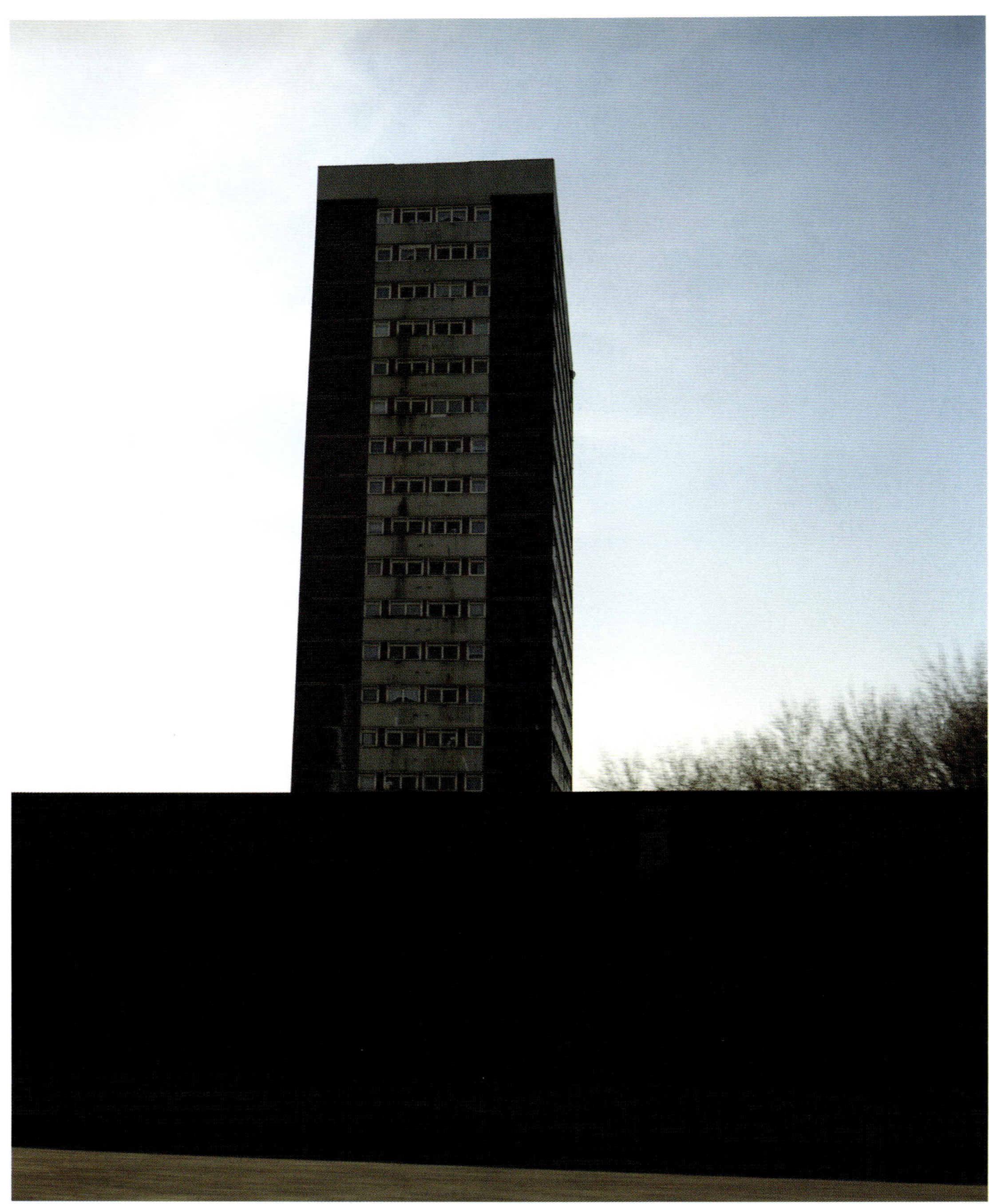

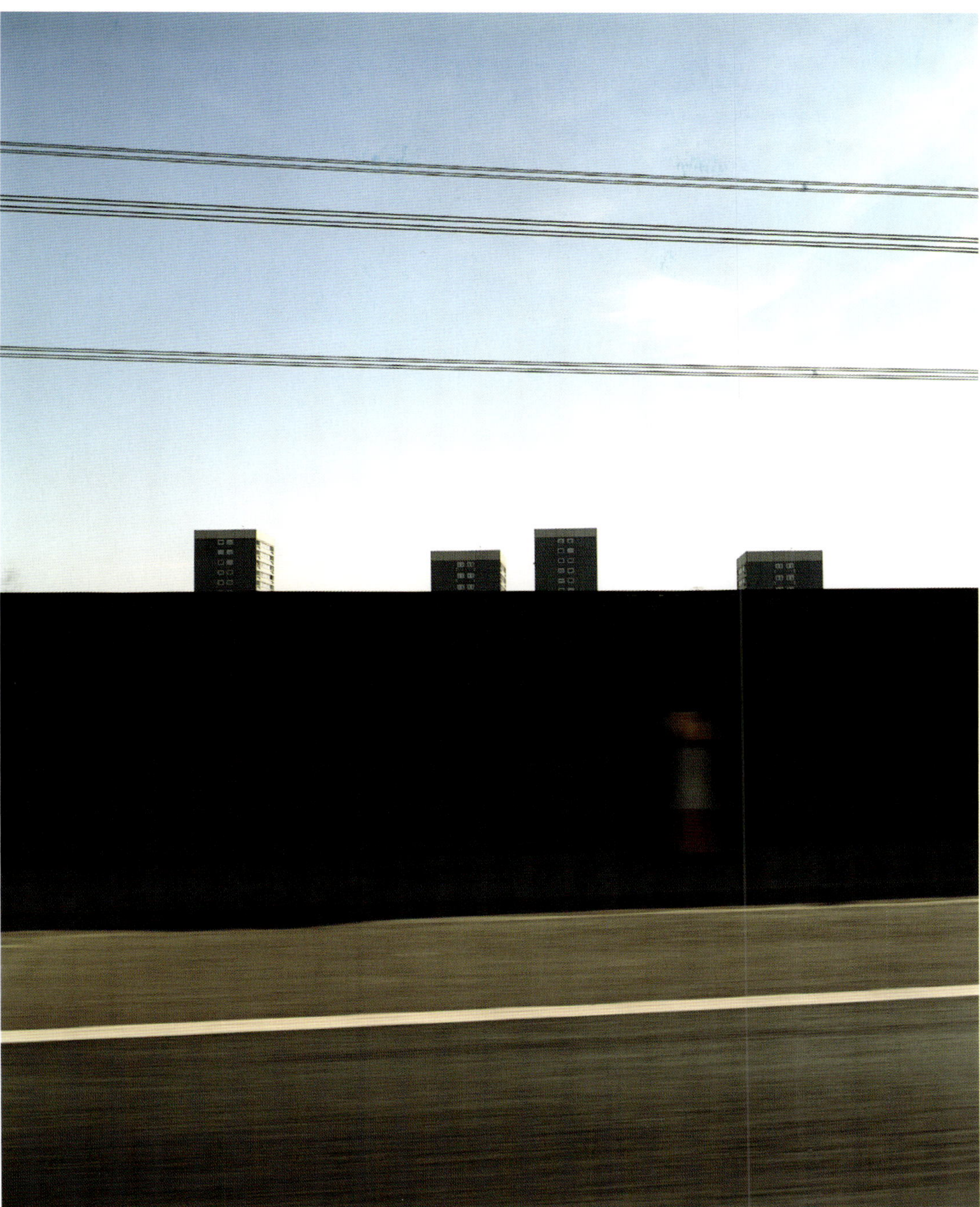

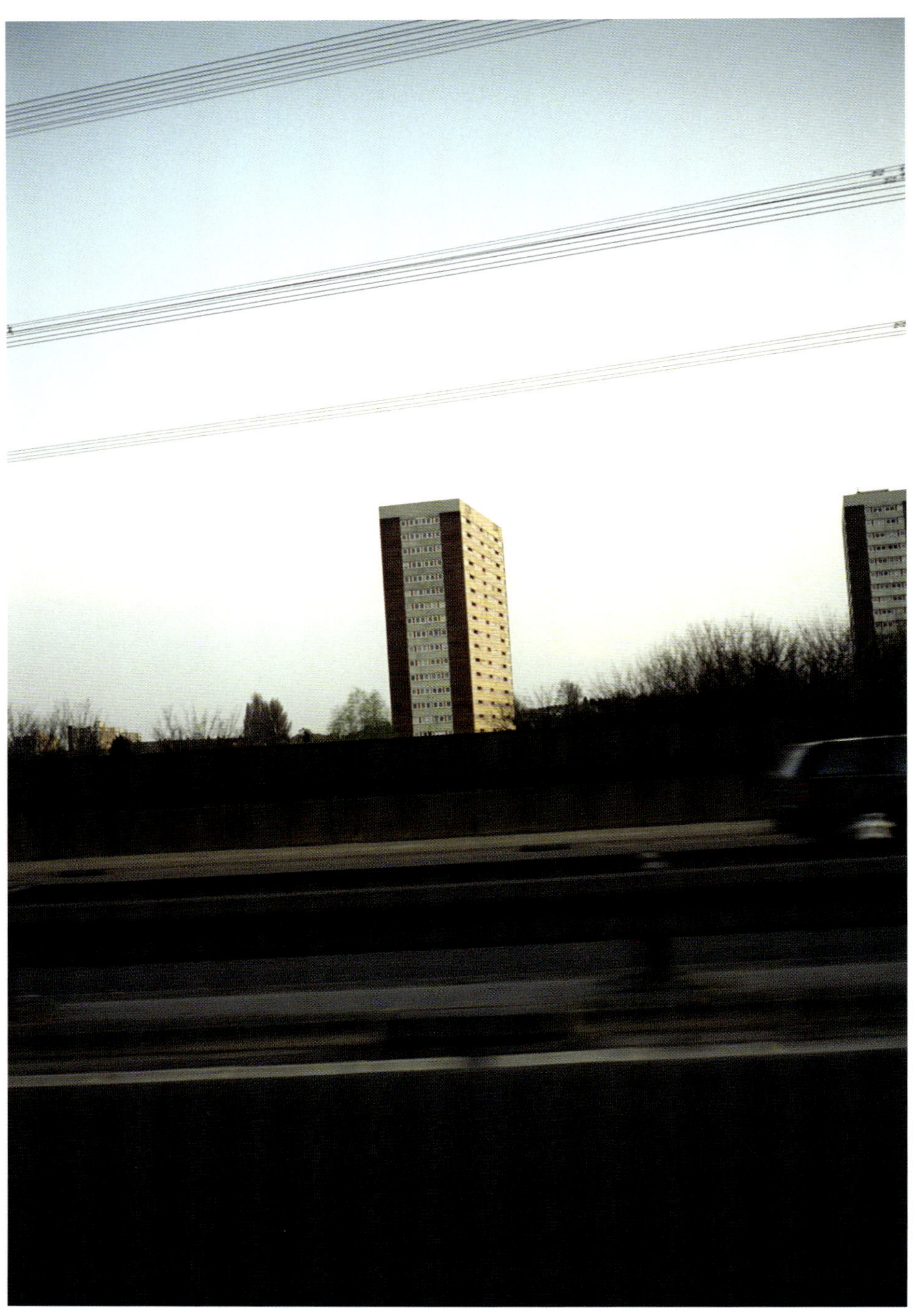

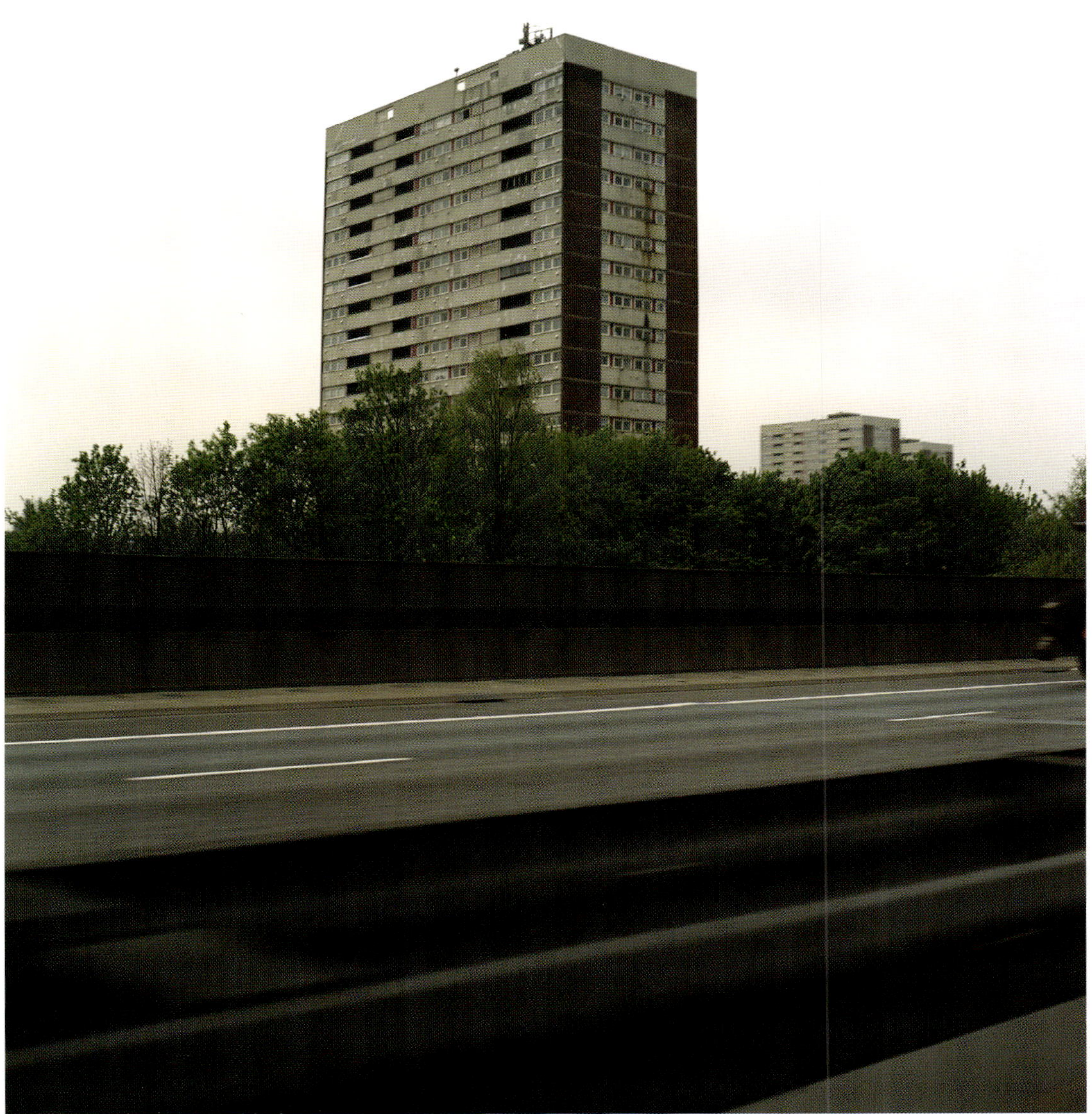

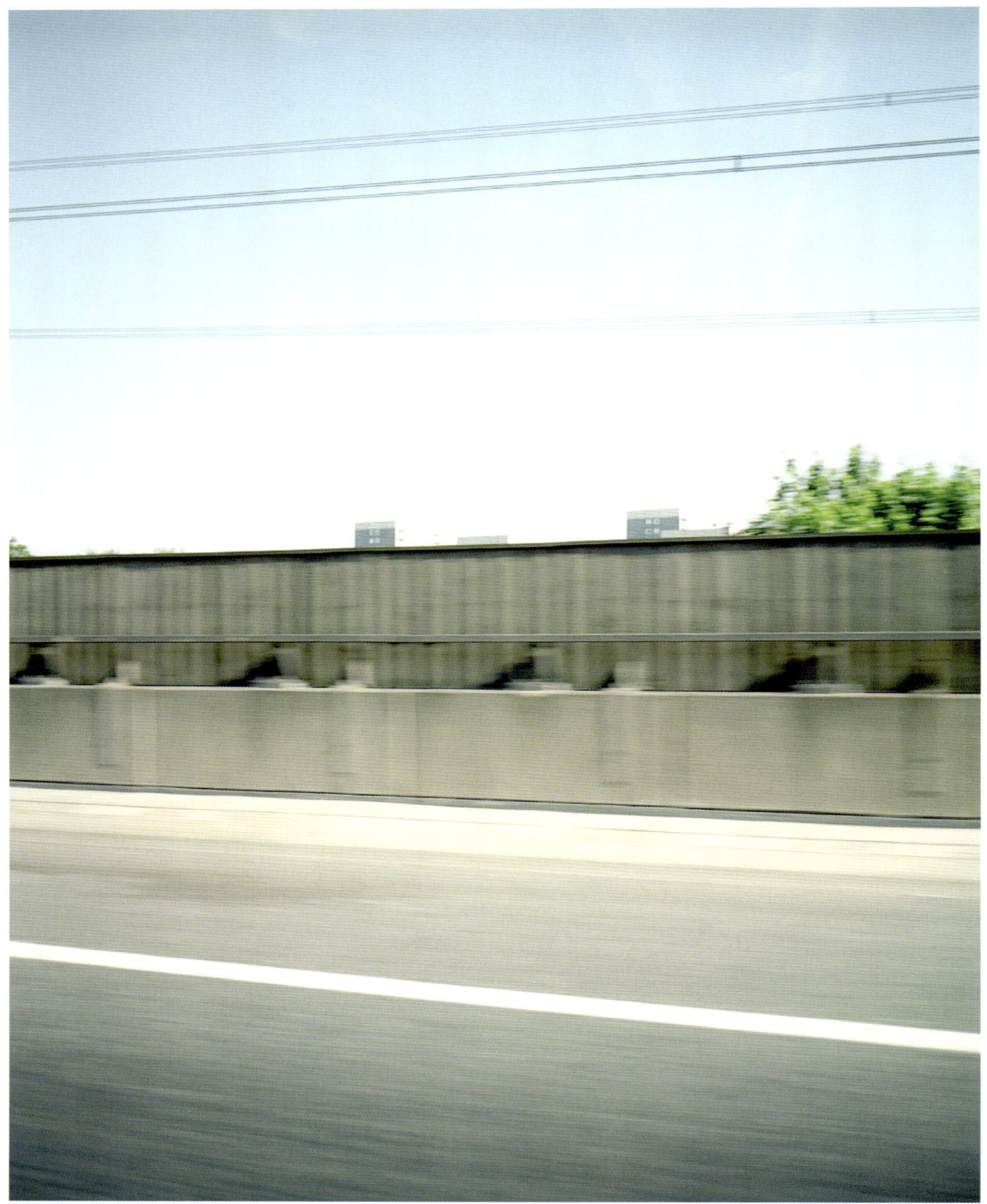

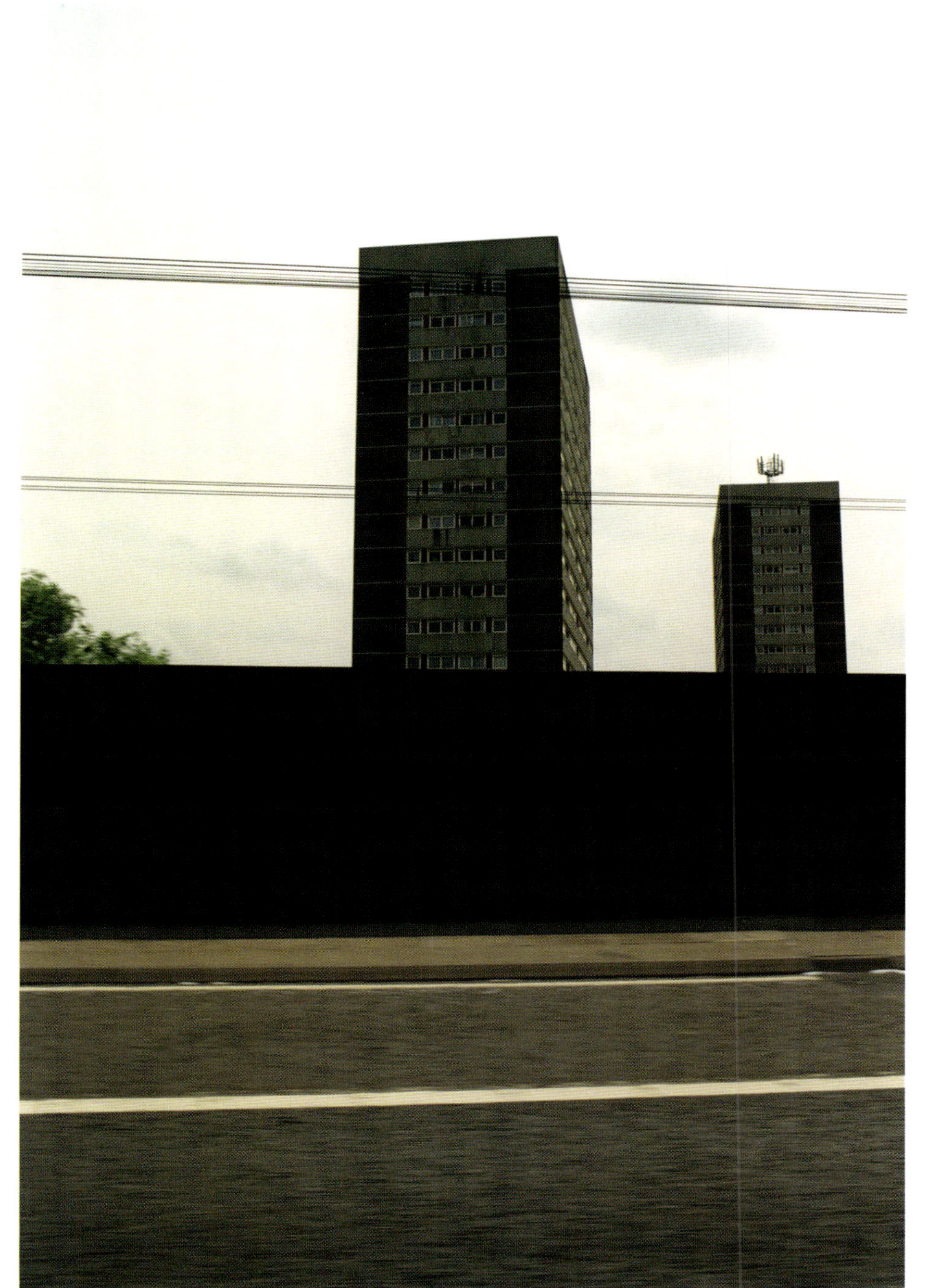

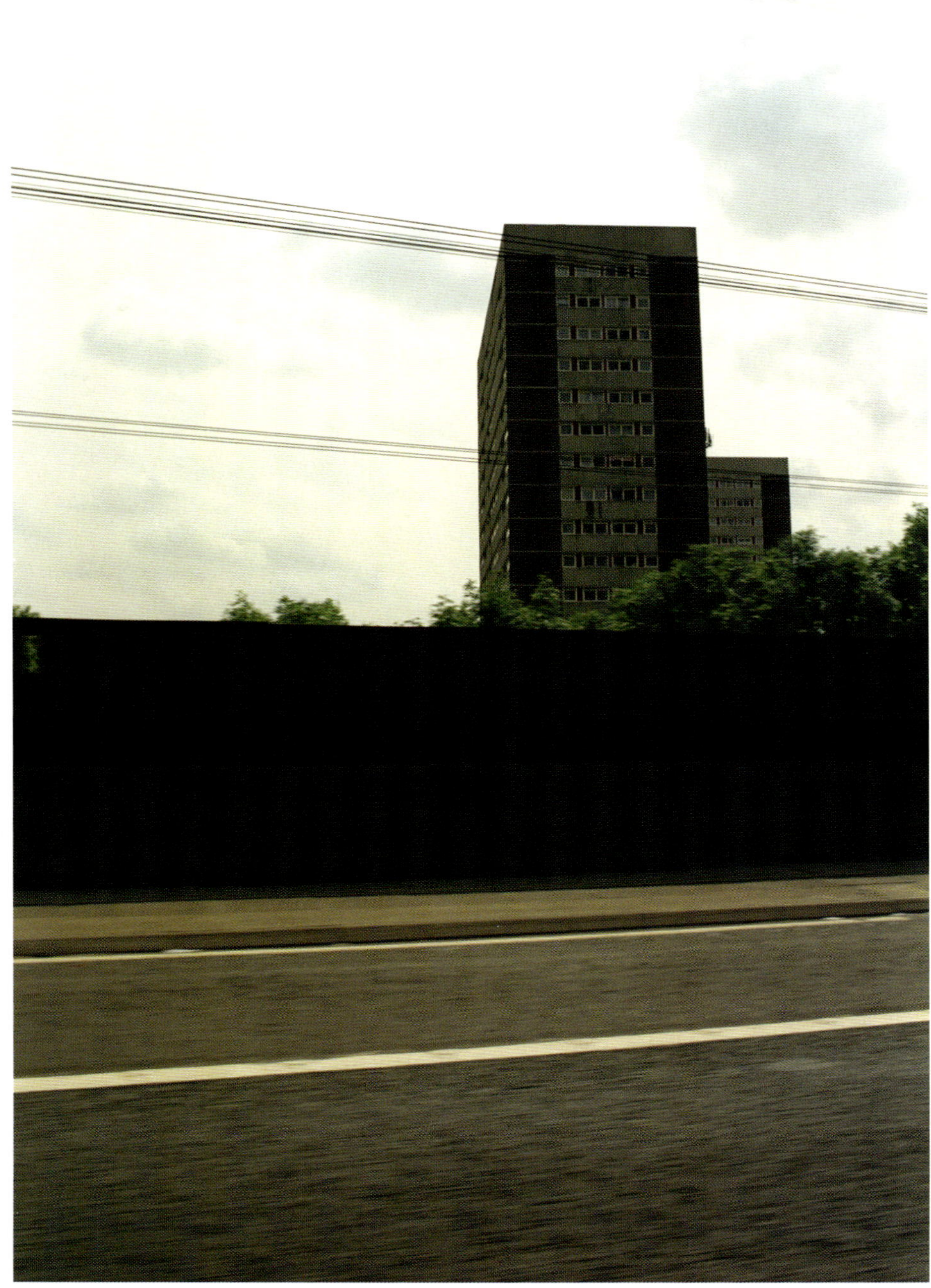

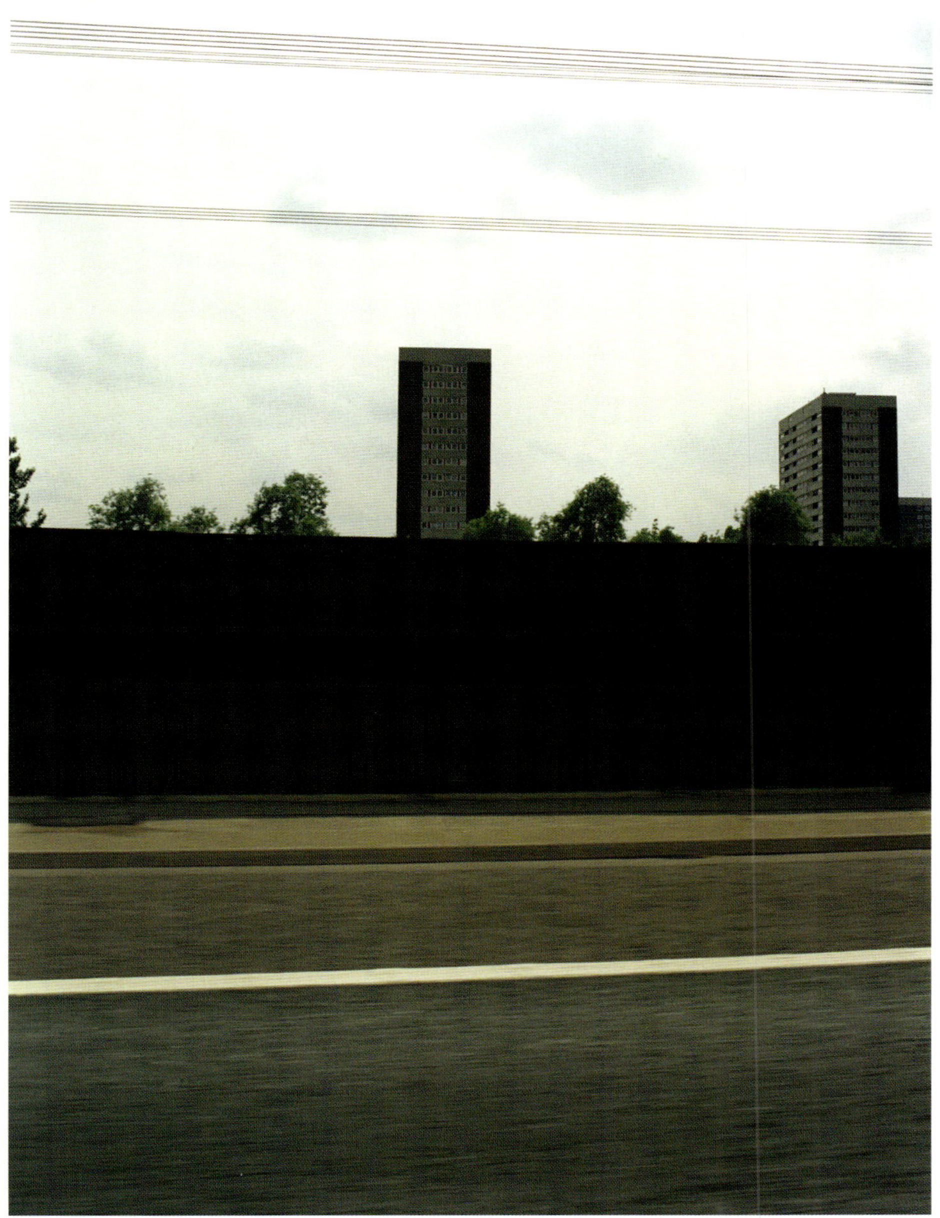

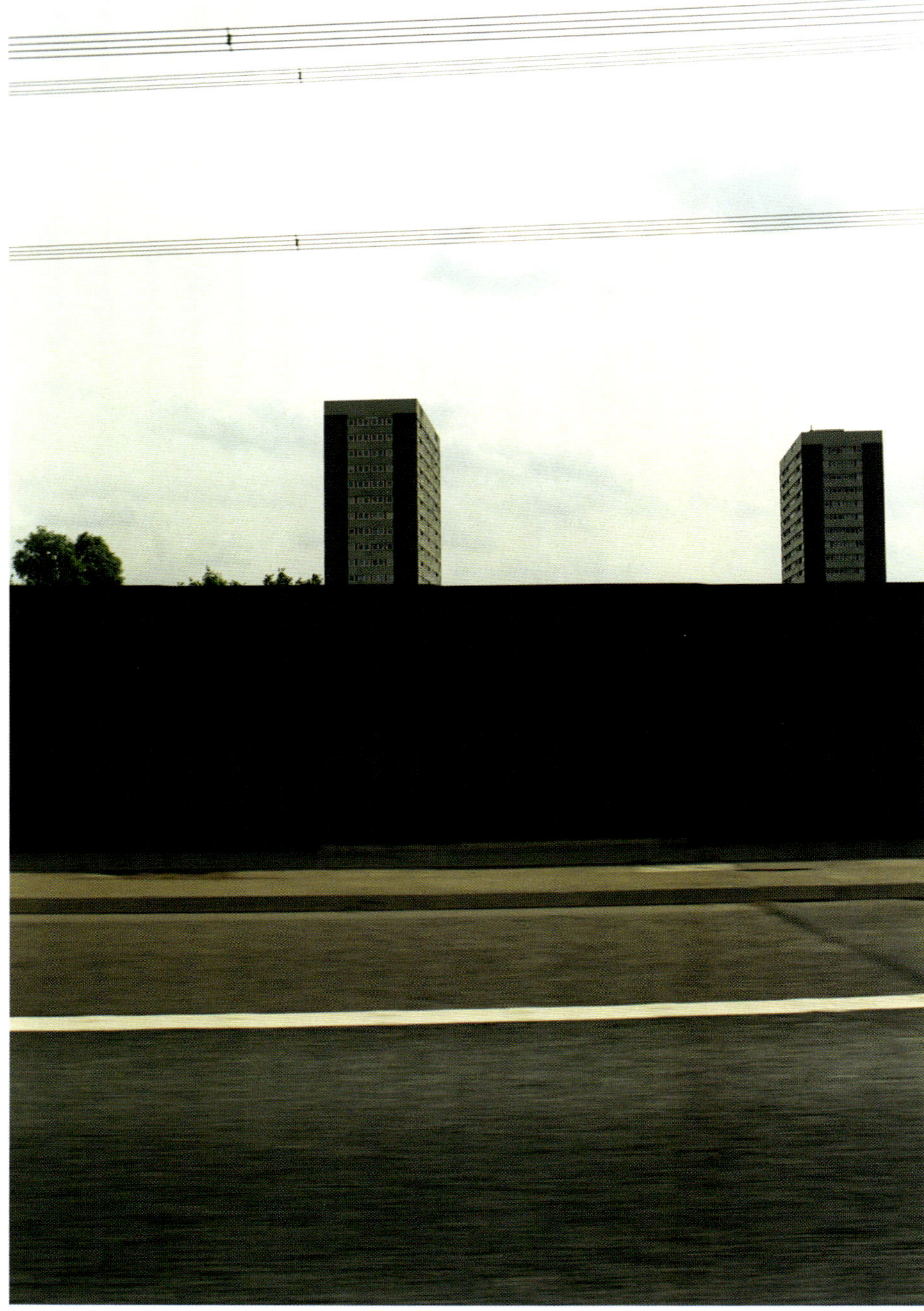

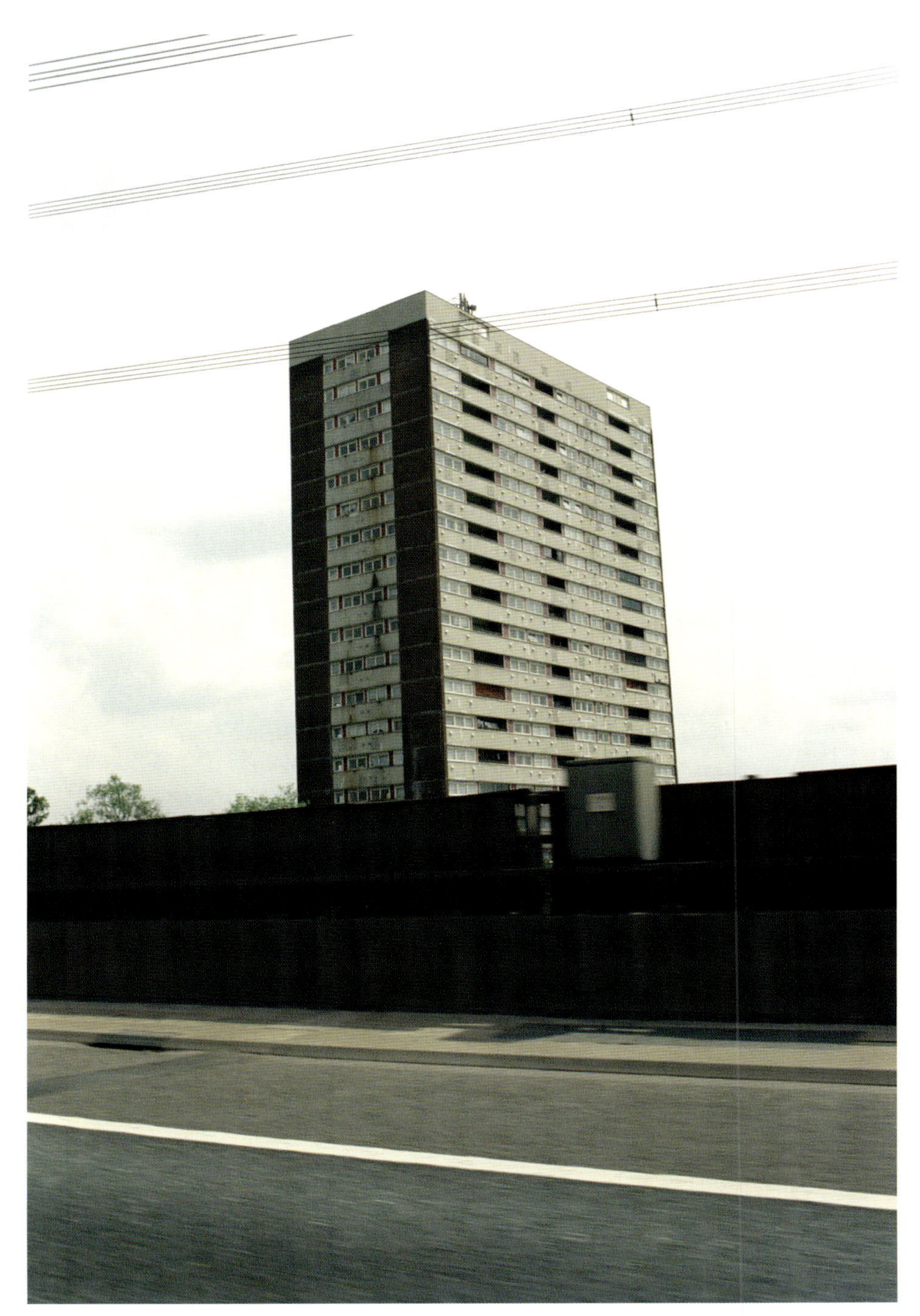

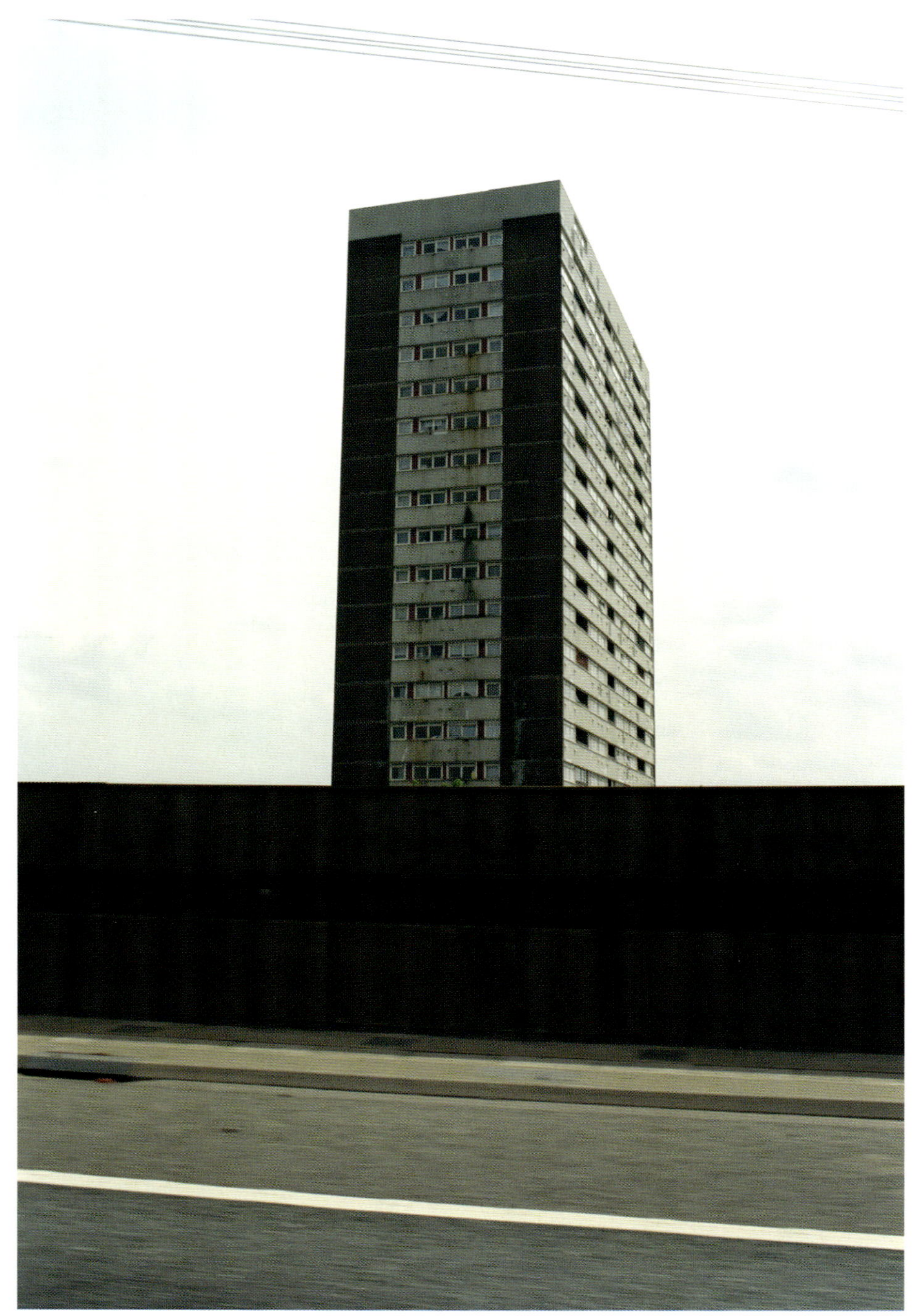

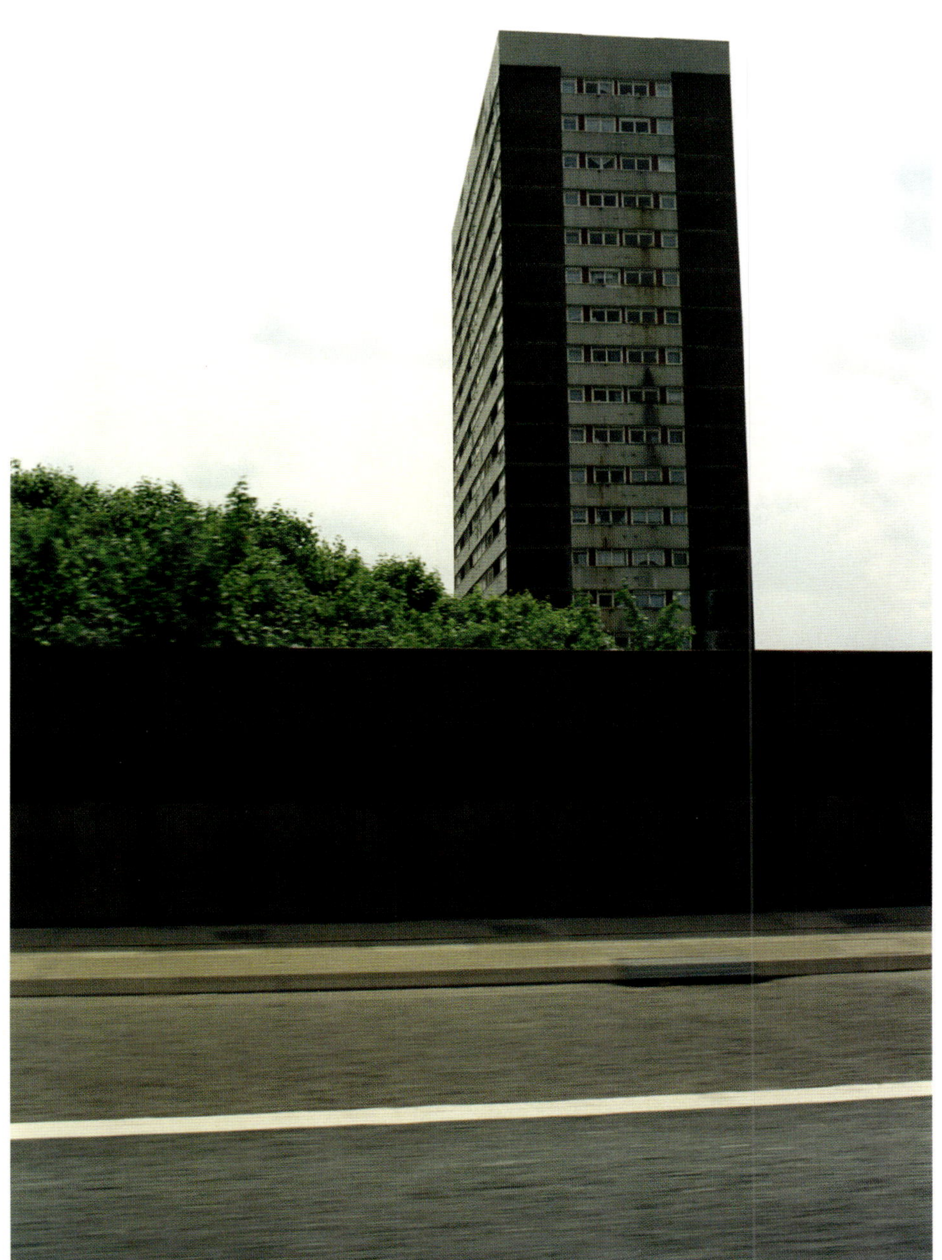

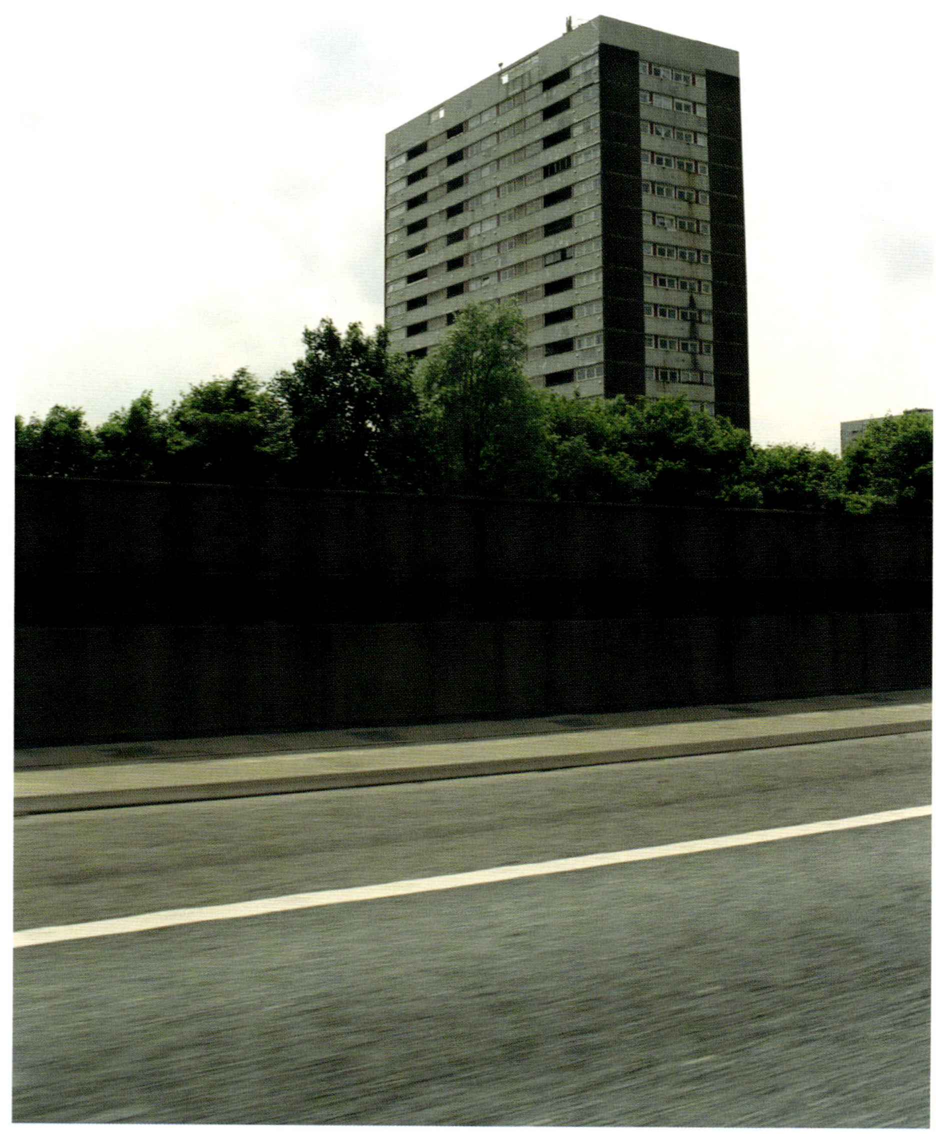

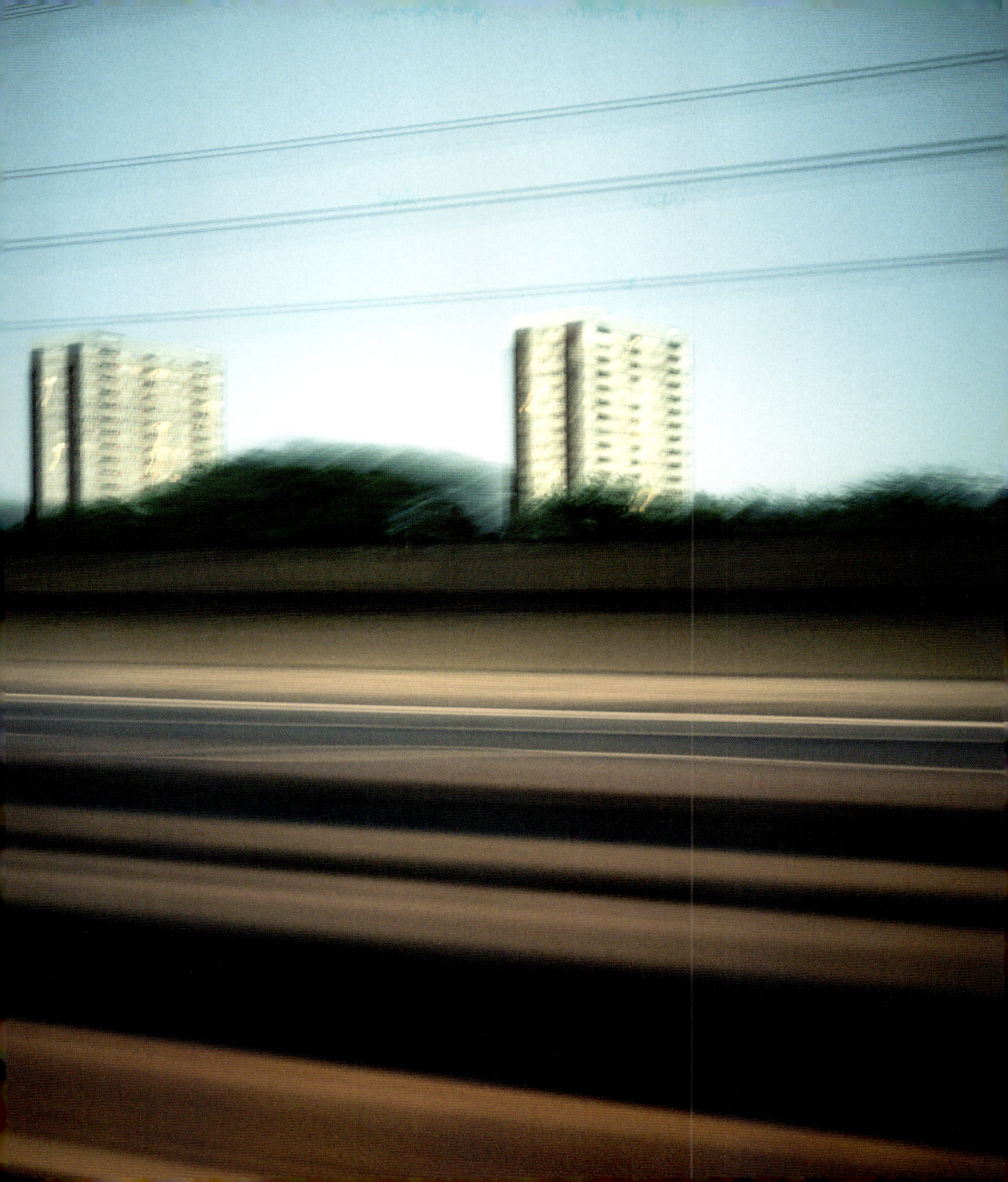

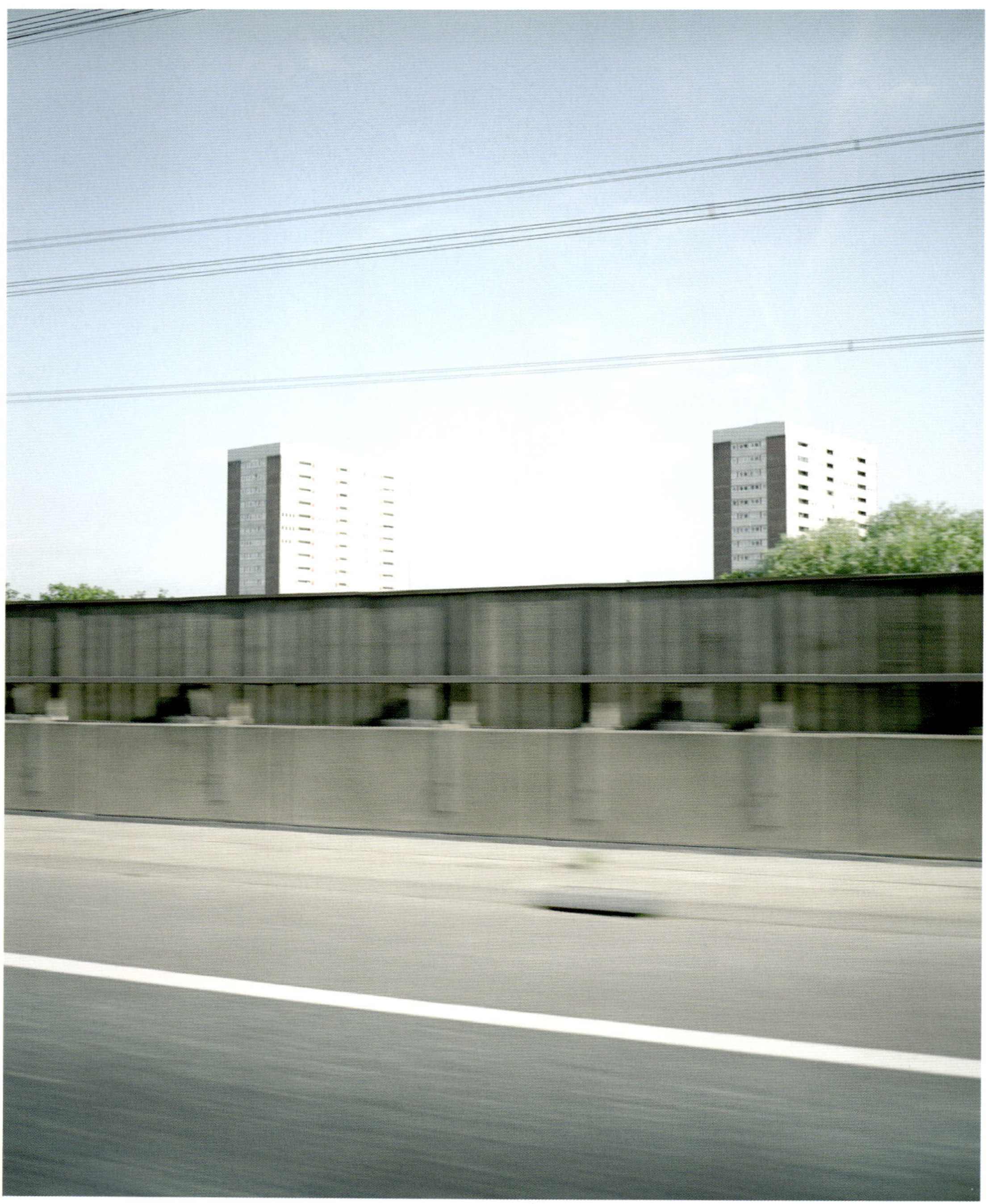

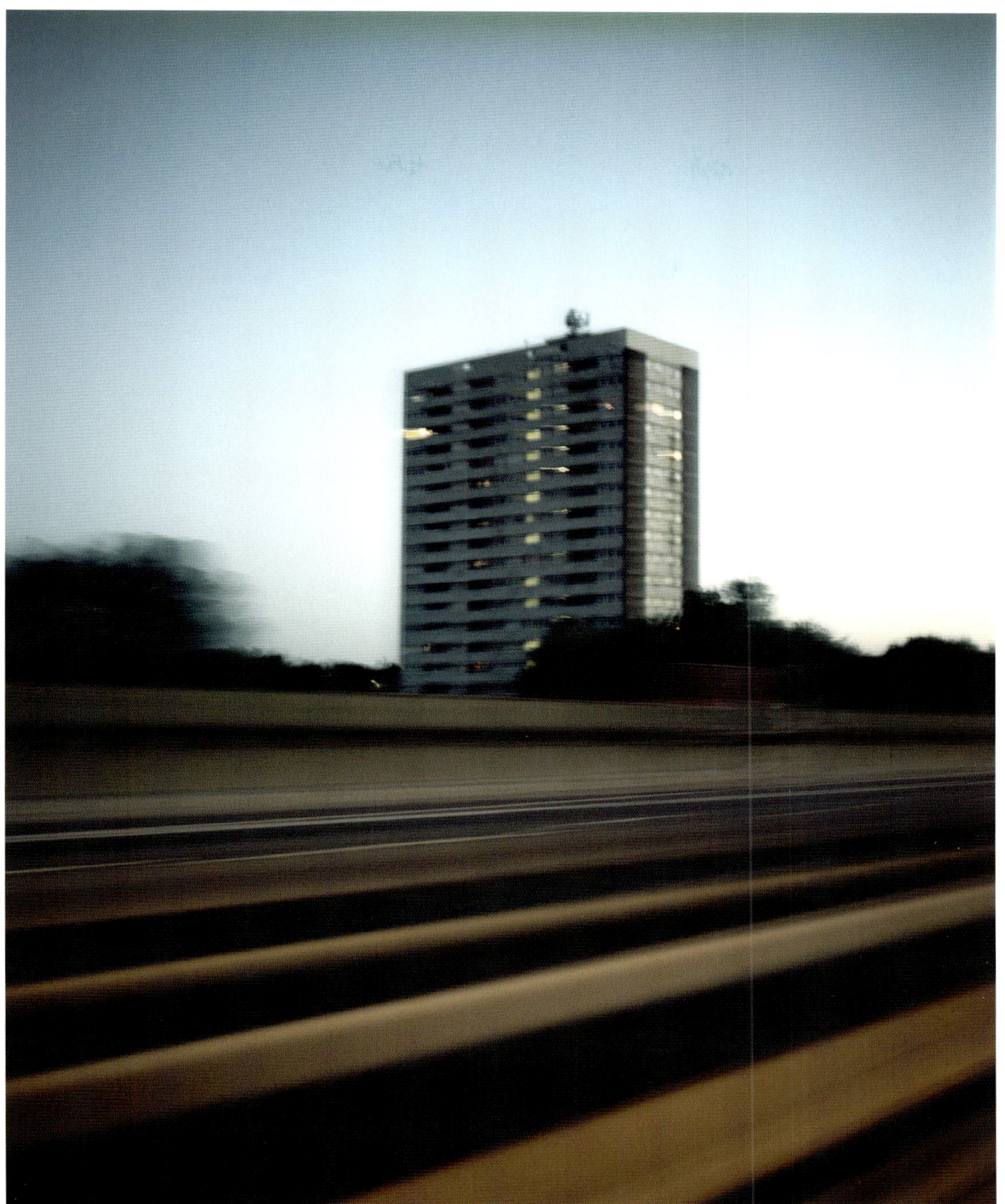

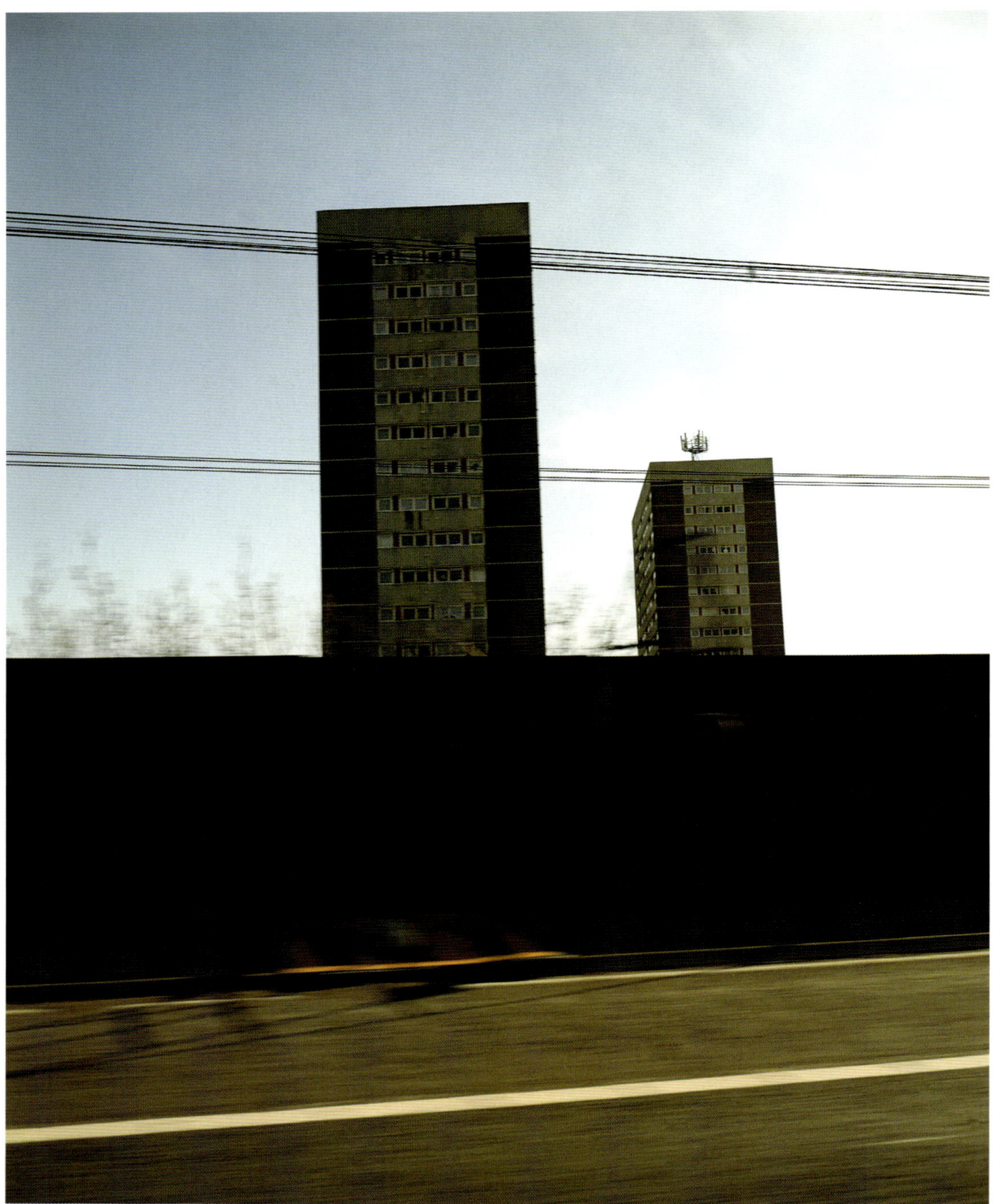

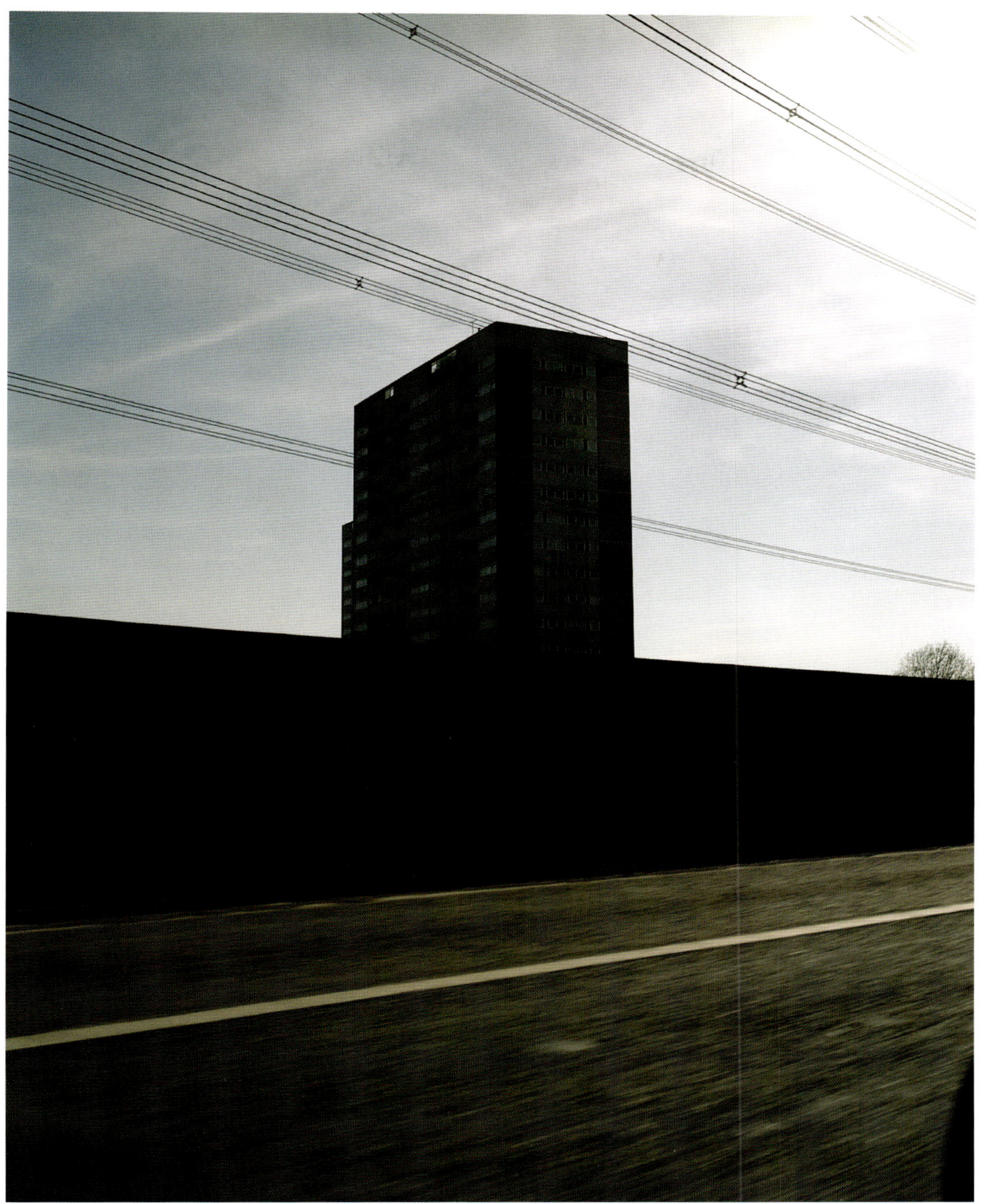

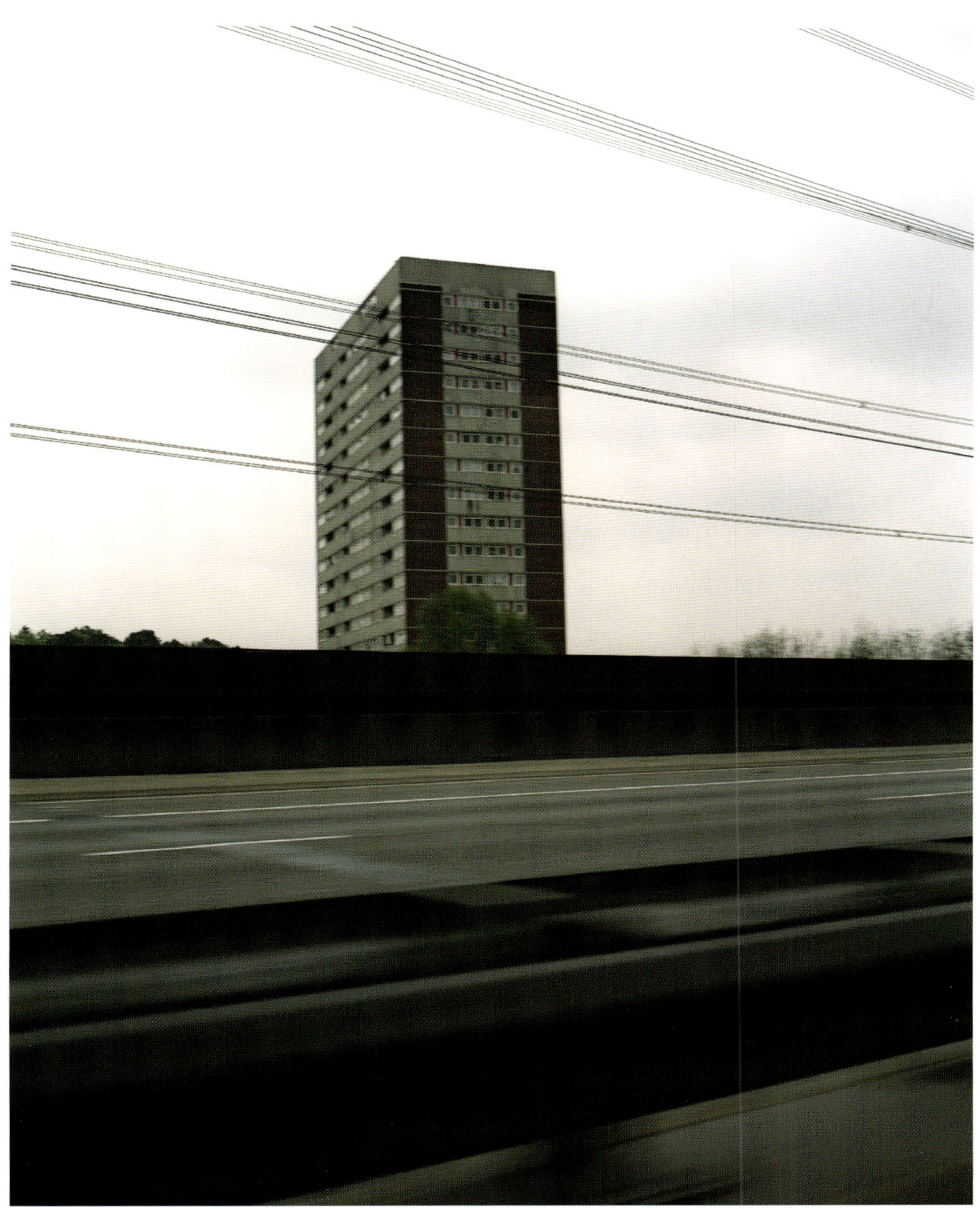

Robert Meyer

In absurdum

On totality

As a child I used to do jigsaw puzzles. I found that it presented me with stimulating challenges. A great number of small pieces, none of them bearing a specific significance in themselves, but together they would form a complete picture – the greater totality. The belief in such a totality is of course a condition of the game, and it's all about finding the pieces confirming one another – and the totality. But jigsaw puzzles are sold in shops, and it's all so terribly predictable. An essential rule of the game is of course that every single piece is unique and irreplaceable. Each piece is already cut out of the big picture, and thus each piece has its unique place in the totality. If a piece is missing, it will clearly be conspicuous by its absence – as a void in the totality.

However, this is not how we experience the world. Here we have no guarantee that every piece is unique and indispensable to the great totality. Quite the contrary, we constantly experience that most pieces can be replaced by others. We do not even know if there is such a thing as a consistent totality – as a plan or a picture we comprehend by putting together the pieces. Instead we construct our own plans and smaller 'totalities' for which we collect the pieces – to confirm that our 'insight' is 'right' or 'acceptable' – for the time being. But all the pieces that we collect, all the knowledge we can accumulate, only confirm that they will fit in where we find a place for them. If we can picture a totality from this, it cannot possibly imply more than our 'limited' understanding.

What always fascinates me are the pieces that do not fit in with our logical and established totalities – on which our society is founded. More specifically, all the pieces that are declared insignificant or invalid. They could be absurd because they contradict our common sense, and thus cannot be bearers of meaning. They don't fit in with our scholarly wisdom and orthodoxy. We are trained to overlook them, ignore them as insignificant or faulty. But can we really ignore them? Can we succeed in pretending that they represent nothing but an ignorance bearing no meaning, or do we wonder what these pieces can tell us? Perhaps they remind us of chaos, of how history has handled heresy in the past, such as what Copernicus or Galileo experienced? And isn't chaos simply what we call the field that lies beyond our understanding – where we can find no logical coherence?

On language

After all, most of what we call knowledge of the world rests in language. For obvious reasons we have difficulty discussing things that lie beyond language. That is, the logic by which we explain and reason is lingual and dependent on the structure and terms of language. And language is not something we are born with either, but something we have constructed, in order to signal, express and describe, among other things. However, this construction is far from perfect. We can easily deceive ourselves – and much seems to indicate that this is precisely what we are constantly doing. Language enables us, effortlessly, to construct statements that sound both reasonable and correct, although this does not necessarily make them correct. One question could be: Was the basic structure of language established before we acquired knowledge?, or is this thing we call knowledge a direct result of the possibilities established from the very beginning, when language was first developed? With language we dissect the world in ever new pieces and create new terms. A great deal of power rests in language. In earlier times it was thought that the world (read: creation) was the product of a superior plan which we could not truly grasp, but it was God's plan. And the Lord moves in mysterious ways. (Jokaim Garff, who recently wrote Soren Kierkegaard's biography, insightfully points out that Kierkegaard does not realise that God (providence) can be language itself. Language will always be superior to its scribe, and this affects grammar and the use of language. (Truls Lie, Morgenbladet 8/11 2002)). 'In the beginning was the Word, and the Word was with God, and the Word was God.' (John 1:1-14).

However, other thoughts have been thought as well. For instance that one can study the world to discover what it is like and how it works. The belief was that the physical world is subject to laws of nature which are derived from observed phenomena; that the world is a physical, absolute and finite reality that can be measured, weighed, and calculated. We must find out everything about this world, was the idea of certain bright minds. The world has become the way it is only because of circumstances. The world has been flat, and it has been round – it has been encircled by a monstrous serpent and carried by four gigantic elephants – and it has been the centre of the universe. It has also been good as paradise and evil as hell. Despite our changing world-views, it still seems the world hasn't changed much during historical times.

Today it is about to become a possible launching pad for those seeking to travel to space to higher civilisations on other planets, in order to escape all the problems we (or the others) have created. Problems such as war, pollution, terrorists, nonconformists and heretics, competitors – or most of all problems from those who are perhaps the most dangerous – the ones who are almost just like ourselves. However, the Norwegian existentialist philosopher Peter Wessel Zapffe pointed out that the only problem in the world is the people. We must put our own houses in order! But no matter how we twist and turn the problems, we still end up in language. And it can be difficult to separate language, thought and understanding. In the first phase of life, that is, before we acquire language, we have only the senses bringing us in contact with the world around us. Hearing, smell, taste, touch and not least: Vision. Vision provides us with images and concepts. And thus photography would assume an important position in our culture. And photography would challenge common sense – pictures that draw themselves! But can the photographic images help us to transgress common sense? Many people thought that photographs could lift the veil and show us what we previously could not understand. However, photographs seem to be as enigmatic as nature, and thus they are perhaps not subject to logic and common sense – as we commonly perceive them? However, this is the subject of debate among many bright minds...

On photography

What we hereby state, is most admirable, but nothing is more incredible than certain truths. ... Art cannot fight this rival, wrote the French art critic Jules Janin (1839) on photography after studying the first images of Daguerre.

When this technique is known, we will no longer accept false presentation, claimed painter Paul Delaroche (1839) with such an authority that the Republic of France bought the invention and released it for 'the entire world' (except England!).

The basic difference between art and photography is that while art, through negation, changes from the pure image of nature to method and again to result, photography stands firmly on the point of view of the image and includes no such negation in itself (Julius Lange, 1862).

The Lean One (Henrik Ibsen, Peer Gynt, 1867):
You know they have lately discovered in Paris a way to take portraits by help of the sun. One can either produce a straightforward picture, or else what is known as a negative one. In the latter the lights and the shades are reversed, and they're apt to seem ugly to commonplace eyes; but for all that the likeness is latent in them, and all you require is to bring it out.

A picture says more than a thousand words, the old and wise Chinese used to say, as they were developing a complex written language of pictograms, with many thousand such signs.

I photograph the world, a reporter said.

I photograph only what I can see, said another.

I photograph to see what the world looks like in photography, said a famous artist.

The pictures must not distort reality, said the master to the apprentice.

You do not live in reality, said the psychologist, - your pictures are absurd.

But the world is absurd! the patient explained.

Photographs don't lie, an acquaintance stated obstinately.

If photography tells the truth, then film is truth 24 times a minute, another filmmaker argued.

The camera believes everything, claimed David Robbins.

In absurdum

The absurd lies hidden in our entire logic. The mere expectancy of a logic might be absurd in itself. But still, the absurd is there even if we cannot see it. In a paradoxical manner it can seem that all logic is dependent on the absurd. For the contradiction also involves a confirmation. Then it is the absurd, the meaningless, which yields meaning. And is it possible to imagine anything more meaningful than this? Excepting that merely attempting to write about the absurd becomes absurd in itself.

Credo quia absurdum, which means:
I believe, because it contradicts reason.

(Quintus Septimus Florens Tertullian, c. 200)

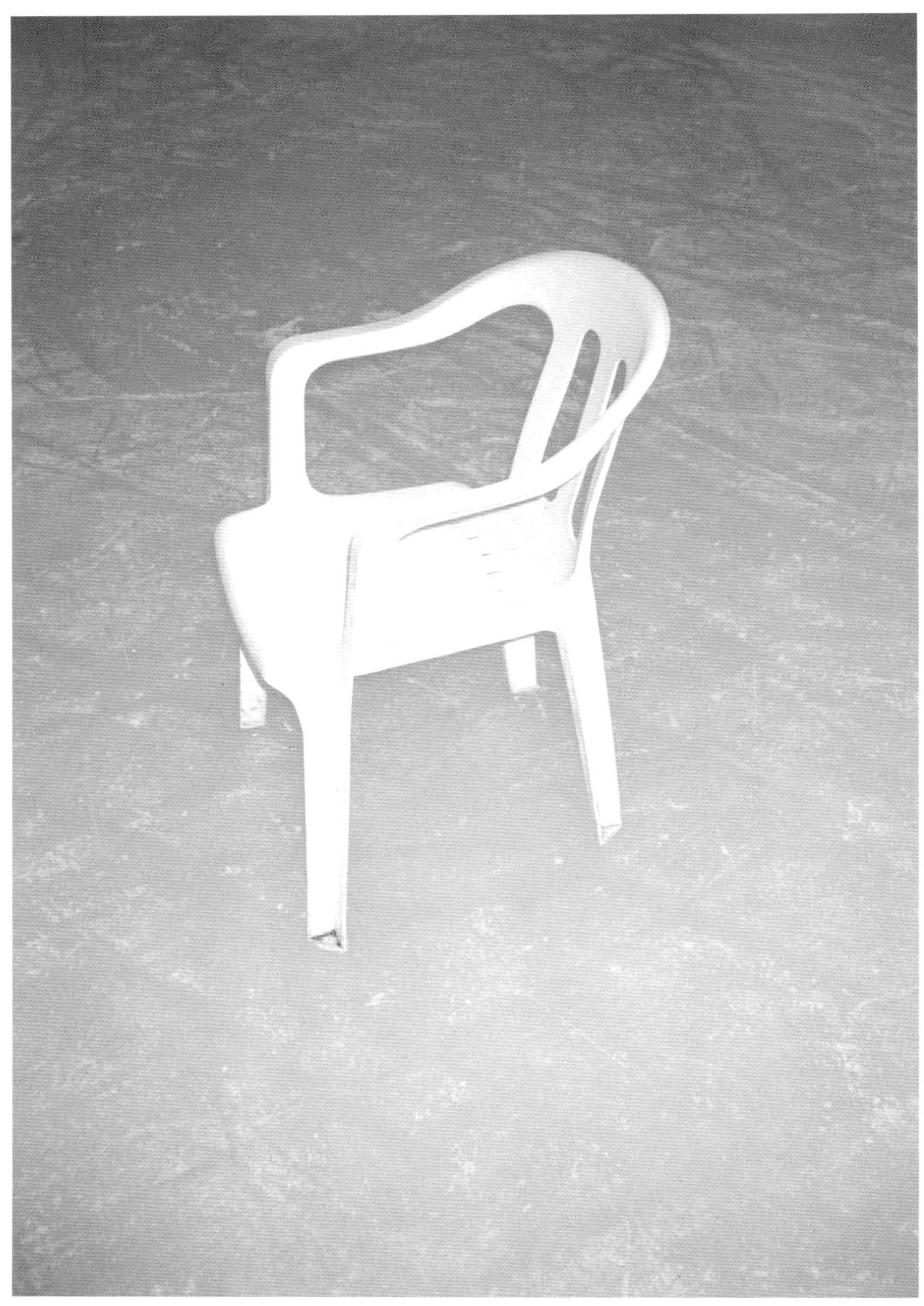

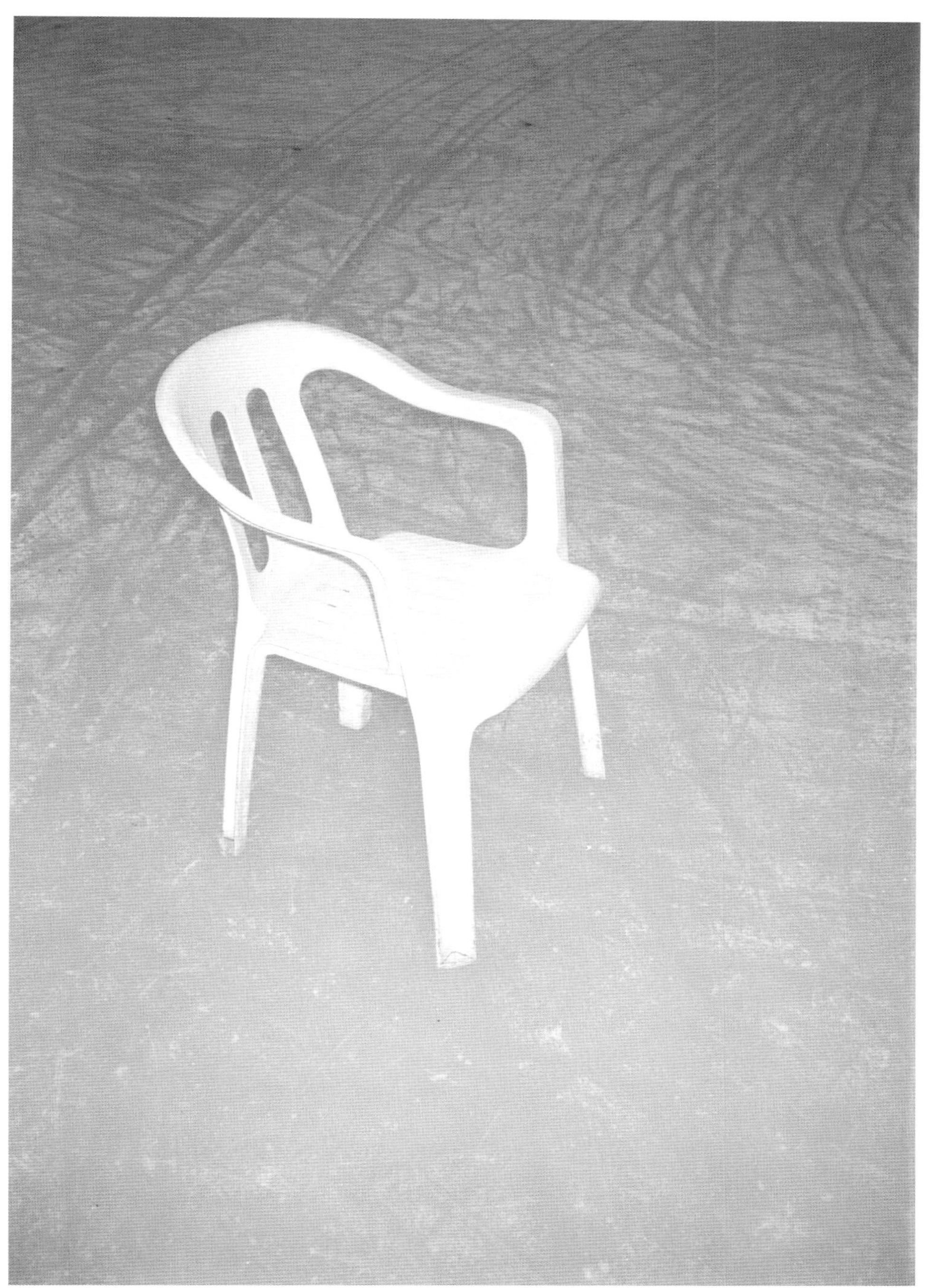

Robert Meyer

In absurdum

Om helhet

Som barn likte jeg å legge puslespill. Jeg syntes de ga meg stimulerende utfordringer. Mengder av små brikker hvor ingen av dem især hadde noen egen betydning, men tilsammen skulle de danne et helt bilde - en større helhet. Troen på denne helheten er naturligvis en forutsetning for spillet, og det handler om å finne brikker som bekrefter hverandre – og helheten. Men puslespill selges i forretninger, og alt er så elendig forutsigelig. En viktig regel i spillet er jo at hver brikke er unik og uerstattelig. Hver bit er allerede skåret ut av et større bilde, og hver brikke har således en unik plass i helheten. Mangler en brikke vil den glimre med sitt tydelige fravær - som et hull i det helhetlige bilde.

Men det er ikke slik vi opplever verden. Der har vi ingen garanti for at hver bit er unik og uunnværlig for den store helheten. Tvert i mot erfarer vi stadig at de fleste biter kan erstattes av andre. Vi vet ikke engang om det finnes en enhetlig helhet – som en plan eller bilde vi forstår ved å sette bitene sammen. Derfor konstruerer vi istedet egne planer og mindre 'helheter' som vi sanker brikker til – for å bekrefte at vår 'innsikt' er 'riktig' eller 'brukbar' – inntil videre. Men alle slike brikker vi sanker, all kunnskap vi kan akumulere bekrefter bare at de passer inn der hvor vi finner plass for dem. Hvis vi kan forestille oss noen helhet ut fra dette, kan den umulig innebære mer enn vår lille forståelse.

Men det som alltid fascinerer meg er de brikkene som ikke passer inn i våre logiske og etablerte helheter - som samfunnet vårt er tuftet på. Det vil si alle brikkene som er erklært uvesentlige eller ugyldige. De kan være absurde fordi de motsier vår fornuft, og skal følgelig ikke være meningsbærende. De faller utenfor skolelærdommen og rettroenheten. Vi er drillet i å overse dem, ignorere dem som ubetydelige og feilaktige. Men klarer vi egentlig å overse dem? Klarer vi å late som om de bare representerer en uvitenhet uten betydning, eller lurer vi på hva disse bitene egentlig kan fortelle oss? Kanskje minner de oss om kaos, om hvordan historien har håndtert vranglære tidligere, slik f.eks. Copernikus eller Gallileo erfarte? Og er ikke kaos bare det vi kaller området utenfor vår forstand – der vi ikke finner noen logisk sammenheng?

Om språket

Det meste av det vi kaller kunnskap om verden ligger tross alt i språket. Vi har av naturlige grunner vanskelig for å snakke om ting som ligger utenfor språket. Det vil si at den logikken vi forklarer og argumenterer med er språklig og avhengi av språkets struktur og begreper. Og språket er heller ikke medfødt, men noe vi har konstruert, bl.a. for å kunne signalisere, uttrykke og beskrive. Men denne konstruksjonen er langt fra perfekt. Vi kan lett lure oss selv – og mye tyder på at vi gjør nettopp det hele tiden. Med språket kan vi, uten besvær, konstruere utsagn som høres både rimelige og riktige ut, uten at de nødvendigvis er riktige av den grunn. Et spørsmål kan være: Ble den grunnleggende spåkstrukturen lagt før vi fikk kunnskapen?, eller er det vi kaller kunnskap et direkte resultat av de muligheter som ble grunnlagt allerede fra starten av da språket ble utviklet? Med språket dissikerer vi verden i stadig nye stykker, og skaper nye begreper. Det ligger mye makt i språket. Før mente man at verden (les: skaperverket) var et produkt av en overordnet plan som vi riktignok ikke kunne forstå, men det var jo Guds plan. Og Guds veier er uransakelige. (Jokaim Garff, som nylig har skrevet Søren Kierkegaars biografi, påpeker innsiktsfullt at Kierkegaard ikke ser at Gud (styrelsen) kan være språket selv. Språket vil alltid være større enn sin skribent, og det styrer med grammatikalske regler og språklig praksis. (Truls Lie, Morgenbladet 8/11 2002)). 'I begynnelsen var Ordet. Ordet var hos Gud, og Ordet var Gud'. (In the beginning was the Word, and the Word was with God, and the Word was God). (Johannes Evangelium, 1:1-14).

Men man har også tenkt andre tanker. For eksempel at man kan studere verden for å finne ut hvordan den er og fungerer. Man mente at den fysiske verden er underkastet naturlover man utledet av fenomener man observerte; at verden er en fysisk, absolutt og endelig virkelighet som vi kan måle, veie og beregne. Vi må finne ut alt om den, mente noen kloke hoder. Verden er bare blitt slik på grunn av omstendigheter. Verden har vært flat og den har vært rund - den har vært omkranset av et monster av en orm og blitt båret av fire gigantiske elefanter – og den har vært universets midtpunkt. Den har også vært god som paradiset og ond som helvete. Tross våre skiftende verdenbilder, ser det allikevel ut til at verden ikke har endret seg synderlig innen historisk tid. I dag er den i ferd med bli å en mulig utskytningsrampe for dem som vil reise ut i rommet til høyere sivilisasjoner på andre kloder, slik at de kan rømme fra alle problemene vi (eller de andre) har skapt. Problemer som krig, forurensning, terrorister, anderledestenkende og vantro, konkurrenter – eller mest fra dem som kanskje er farligst – de som ligner oss selv til forveksling. Den norske eksistensfilosofen Peter Wessel Zapffe påpekte imidlertid at det eneste problemet i verden er menneskene selv. Vi får feie for egen dør! Men hvordan vi enn snur og vender på problemene, så ender vi allikevel opp i språket. Og det kan være vanskelig å skille språk, tanke og forståelse fra hverandre. I den første fasen i livet, dvs før vi får språk, har vi bare sansene som gir oss kontakt med omverden. Hørsel, lukt, smak, berøring og ikke minst: Synssansen. Synet gir oss bilder og forestillinger. Og slik kom også fotografier til å få en viktig posisjon i vår kultur. Og fotografiet kom til å utfordre fornuften – bildene som tegner seg selv! Men kan fotografiene hjelpe oss til å overskride fornuften? Mange trodde at nettopp fotografier kunne trekke sløret tilside og vise oss hva vi før ikke forsto? Men fotografier ser ut til å være like uransakelige som natur, og da er de kanskje ikke underlagt logikken og fornuften – slik vi oftest tolker dem? Men om dette strides mange kloke hoder ...

Om fotografi

Hvad vi her meddele, er høist beundringsverdig, men intet er utroligere end visse Sandheder. ... Kunsten kan ikke kjempe med denne Rival, skrev den franske kunstkritikeren Jules Janin (1839), om fotografi etter å ha studert de første bildene til Daguerre.

Når denne teknikken blir kjent, vil man ikke lenger godkjenne feilaktige fremstillinger, hevdet maleren Paul Delaroche (1839) med en slik autoritet at den franske stat kjøpte oppfinnelsen og friga den til 'hele verden' (untatt fra England!)

Grundforskjellen mellem Kunst og Fotografi ligger egentlig deri, at medens Kunsten gjennem Negation gaar over fra det rene Billed af Naturen til Fregangsmaade og atter til Resultat, bliver Fotografien staaende paa Billedets Standpunkt og optager ikke nogen Negation af dette i sig. (Julius Lange, 1862)

Den magre (Henrik Ibsen fra Peer Gynt, 1867):
De vet man har nylig funnet på i Paris, å gjøre portretter ved hjelp av solen.
Enten kan man direkte billeder give, eller også de negative.
De siste får omvendt lys og skygge, og synes for almindelige mennesker stygge;
Men likheten hviler dog også i dem, og det gjelder ikke annet enn at få dem frem.

Et bilde sier mer enn tusen ord, sa de gamle, vise kinesere, mens de utviklet et komplekst skriftspråk av piktogrammer (bildeskrift) med mange tusen slike tegn.

Jeg fotografer verden, sa en reporter

Jeg fotograferer bare det jeg ser, sa en annen.

Jeg fotograferer for å se hvordan verden ser ut i fotografier, sa en kjent kunstner.

Bildene må ikke forvrenge virkeligheten, sa mesteren til lærlingen.

Du lever ikke i virkeligheten, sa psykologen, bildene dine er absurde.

Men verden er jo absurd!, forklarte pasienten.

Fotografier kan ikke lyve, hevdet en bekjent påståelig.

Hvis fotografiet forteller sannheten, er film sannheten 24 ganger i sekundet, argumenterte en filmmann.

Kameraet tror på alt, mente David Robins.

In absurdum

Det absurde ligger skjult i all vår logIkk. Bare forventingen om at det finnes en logikk er kanskje absurd i seg selv. Men allikevel, det absurde er der selv om vi ikke vil se det. På en paradoksal måte kan det se ut som om all logikk er avhengig av det absurde. For motsigelsen innebærer også en bekreftelse. Og da blir det absurde, det meningsløse, det som gir mening. Og noe mer meningsfylt kan man vel neppe tenke seg? Bortsett fra at bare det å forsøke skrive om det absurde blir absurd i seg selv.

Credo quia absurdum, hvilket betyr:
Jeg tror, fordi det strider mot fornuften.

(Quintus Septimus Florens Tertullian, ca år 200)

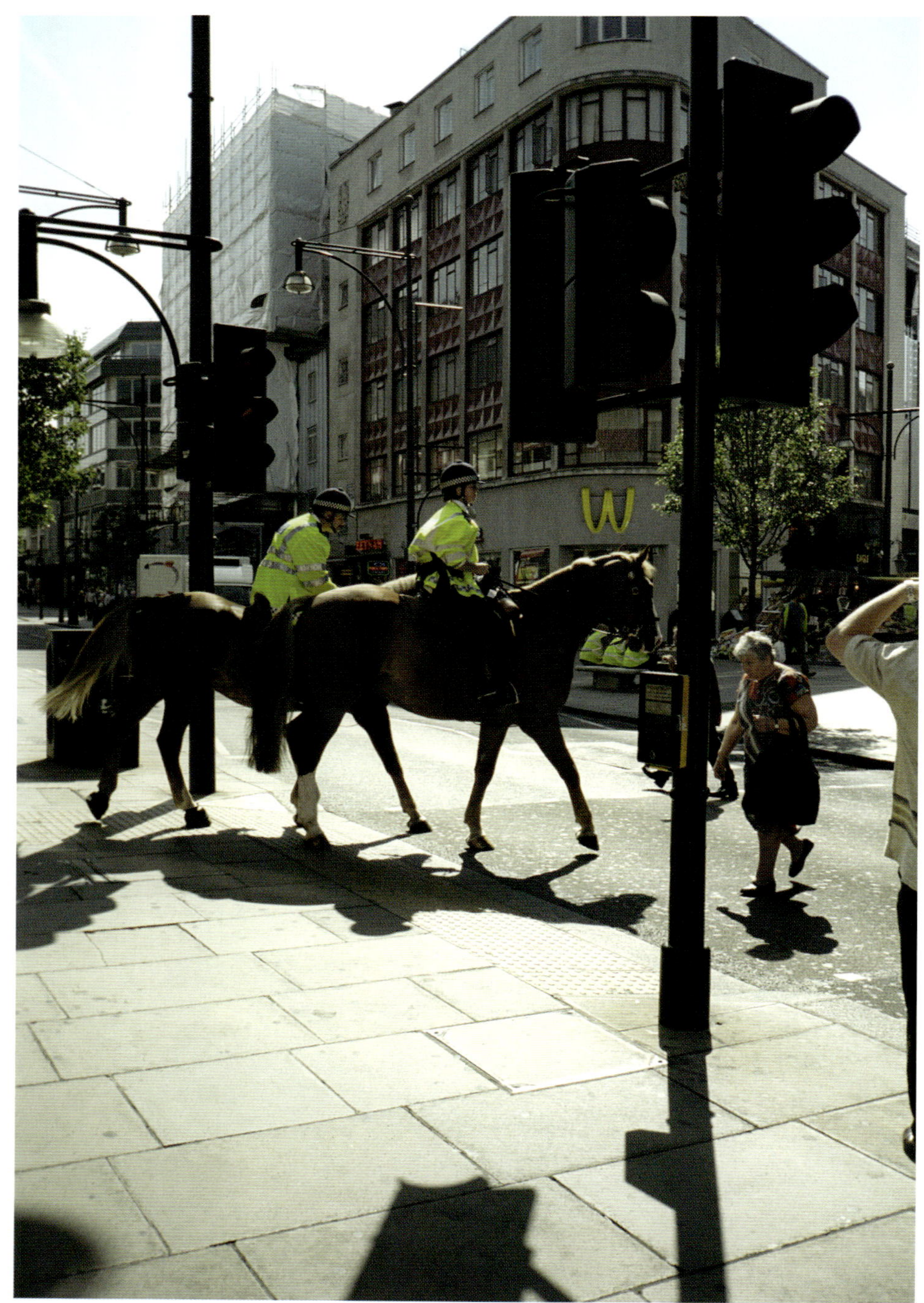

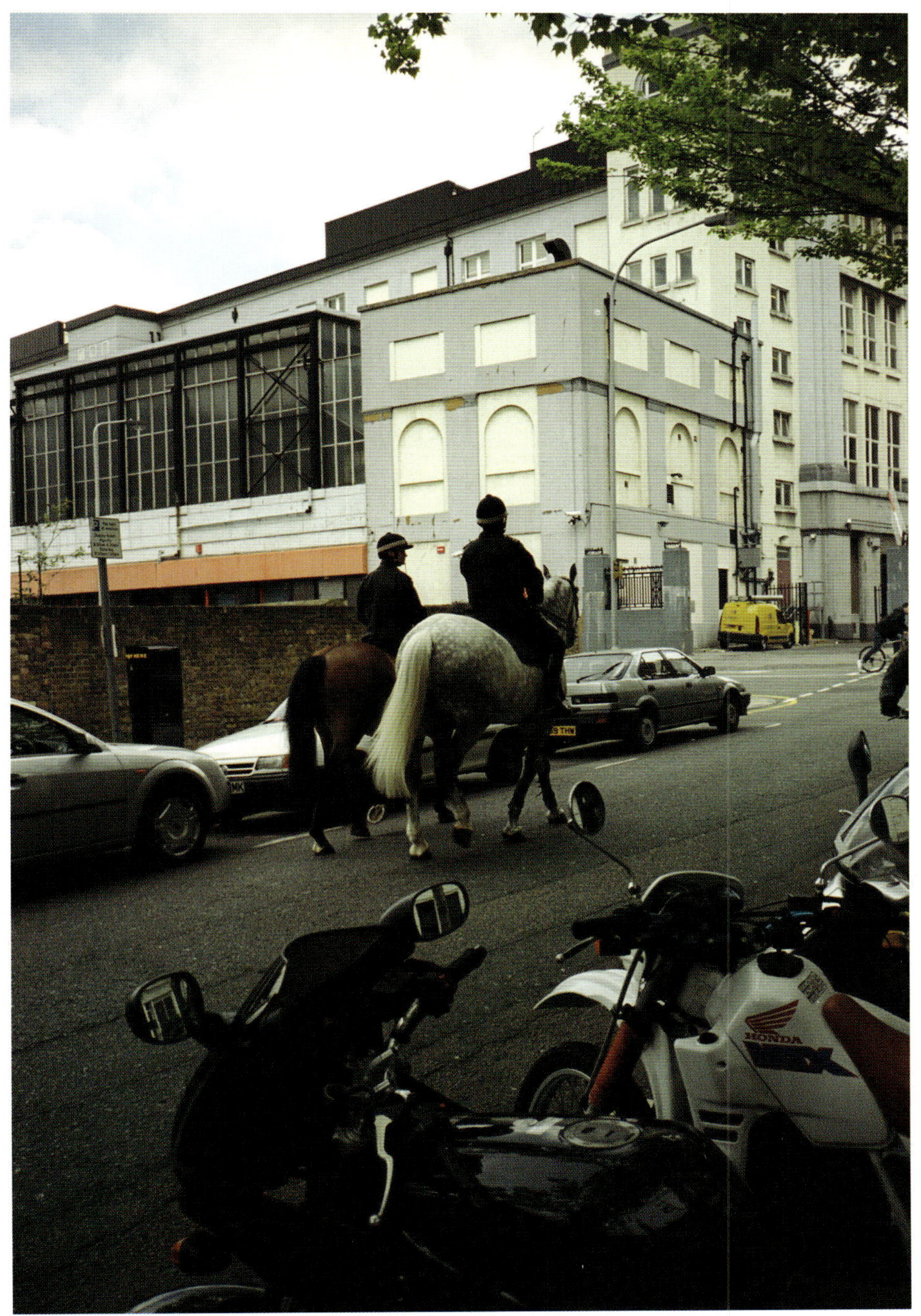
HONDA

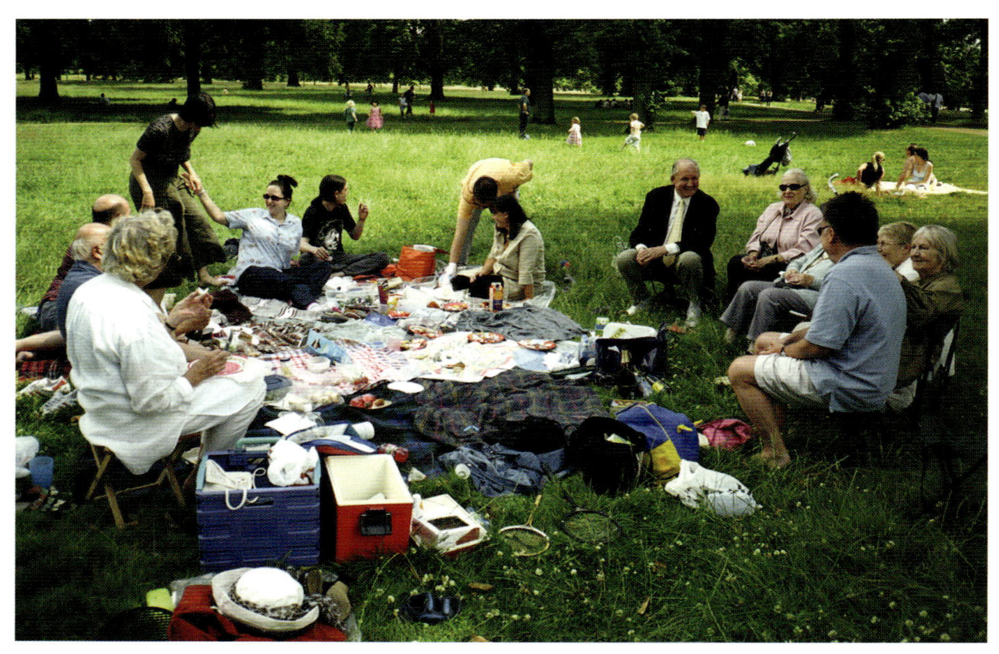

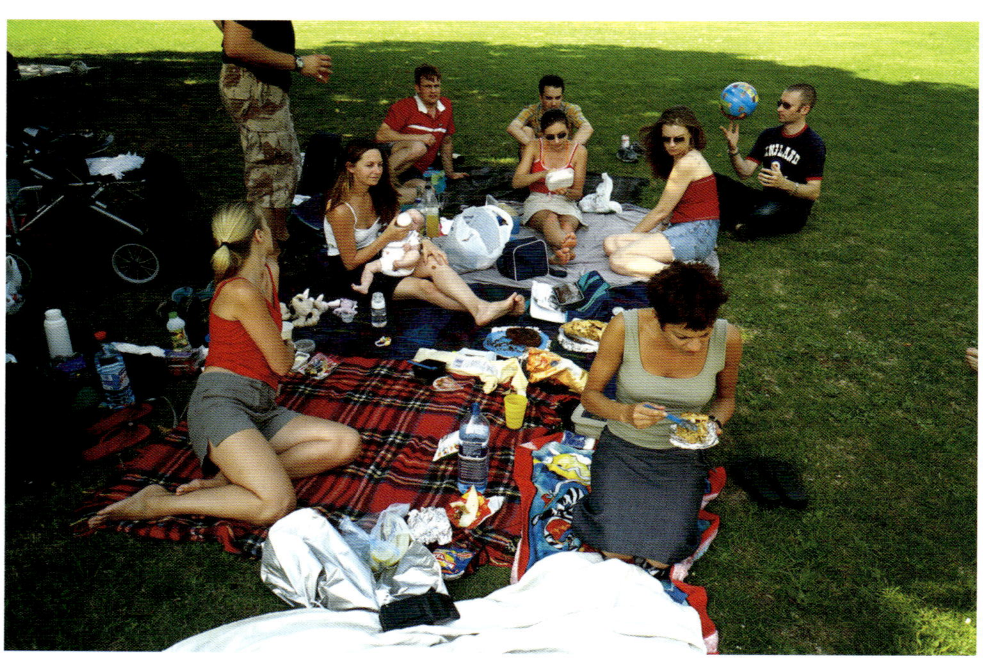

your heart once more and once more let the dreadful, lovely, terrible flood of pictures pour into your eyes, endlessly, inescapably, until the next unconsciousness, until the next death. That was, perhaps, a pause, a moment of rest, a chance to catch your breath. But then it went on, and once again you were one of the thousand figures engaged in the wild, intoxicating, desperate dance of life. Ah, there was no extinction. It went on forever.

Unrest drove him to his feet once more. If there were no rest in this accursed round-dance, if his one most acute desire could not be fulfilled, then he might just as well fill his gourd again and bring it to this old man who had sent him on this errand, although he did not really have any right of command over him. It was a service that had been asked of him. It was an assignment. He might just as well obey and carry it out. That was better than sitting here and pondering methods of self-destruction. Altogether, obeying and serving were better and far easier, seemlier and far more harmless, than commanding and taking responsibility. That much he knew. Very well, Dasa, take the gourd, fill it carefully with water, and bring it to your master!

When he reached the hut, the master received him with a strange look, a slightly questioning, half-compassionate, half-amused look of complicity—such a look as an older boy might have for a younger one whom he sees returning from a strenuous and somewhat shameful adventure, a test of courage that has been assigned to him. This herdsman prince, this poor fellow who had stumbled in here, was only coming back from the spring, where he had been for water, and had been gone no more than fifteen minutes. But still he was also coming from a dungeon, had lost a wife, a son, and a principality, had completed a human life and had caught a glimpse of the revolving wheel. The chances were that this young man had already been wakened once or several times before, and had breathed a mouthful of reality, for otherwise he would not have come here and stayed so long. But now he seemed to have been properly awak-

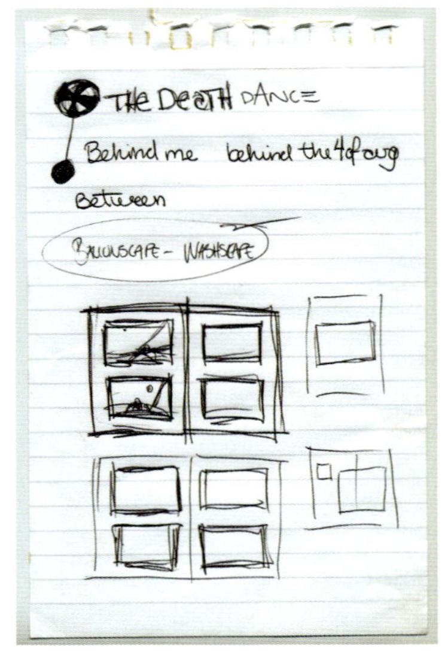
THE DEATH DANCE
Behind me behind the 4 of aug
Between

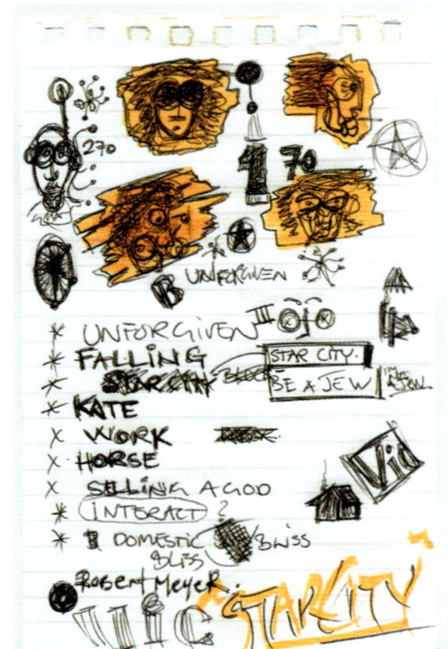
UNFORGIVEN
FALLING
STAR CITY
BE A JEW
KATE
WORK
HORSE
SELLING A GOOD
INTERACT
DOMESTIC BLISS
Robert Meyer
VIC
STAR CITY

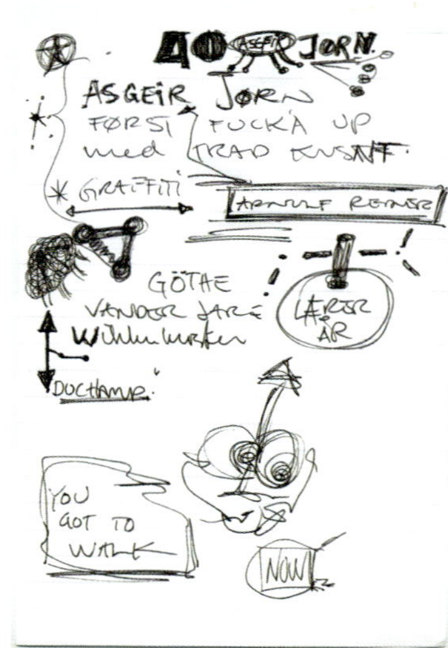
ASGEIR JORN
GRAFFITI
GÖTHE
DUCHAMP
YOU GOT TO WALK
NOW

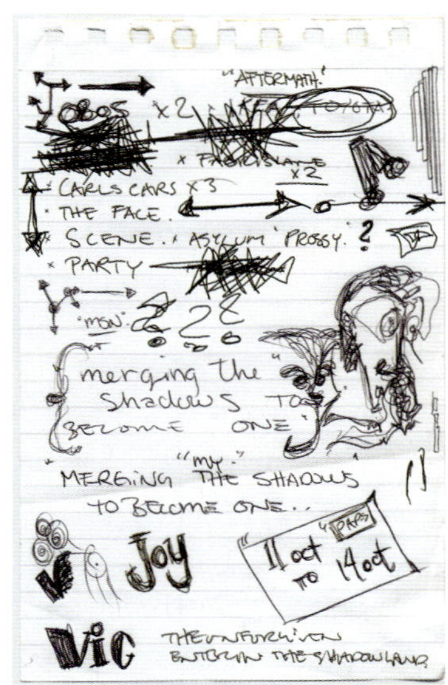
"AFTERMATH"
CARLS CARS x 3
THE FACE
SCENE
PARTY
merging the shadows to become one
"MERGING "my" THE SHADOWS TO BECOME ONE..
JOY
11 oct to 14 oct
VIC
THE UNFORGIVEN ENTERING THE SHADOWLAND

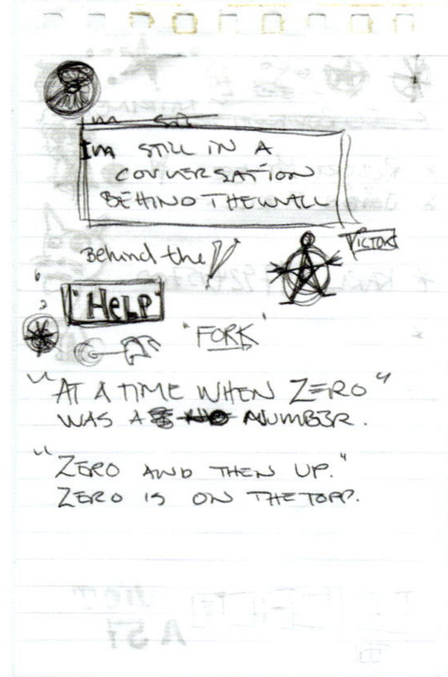
I'M STILL IN A CONVERSATION BEHIND THE WALL
Behind the
VICTOR
HELP
"FORK"
"AT A TIME WHEN ZERO" WAS A NUMBER.
"ZERO AND THEN UP."
ZERO IS ON THE TOPP.

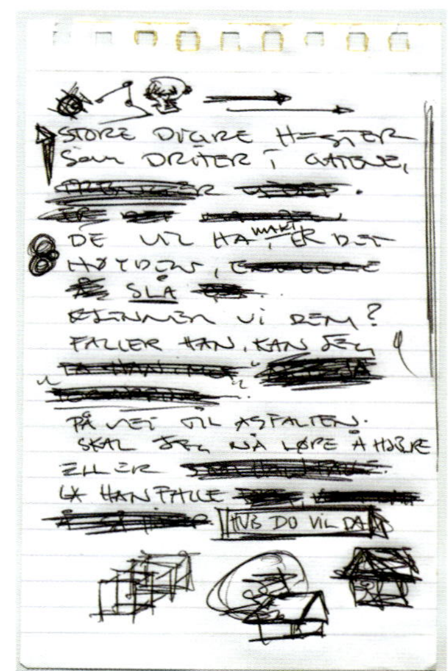
STORE DYGRE HESTER
SOM DRITER I GATENE,
DE VIL HA MAKT ER DET
SLÅ
FINNER VI DEM?
FALLER HAN, KAN JEG
PÅ VEI TIL ASFALTEN.
SKAL JEG NÅ LØPE Å HJELPE
ELLER
LA HAN FALLE

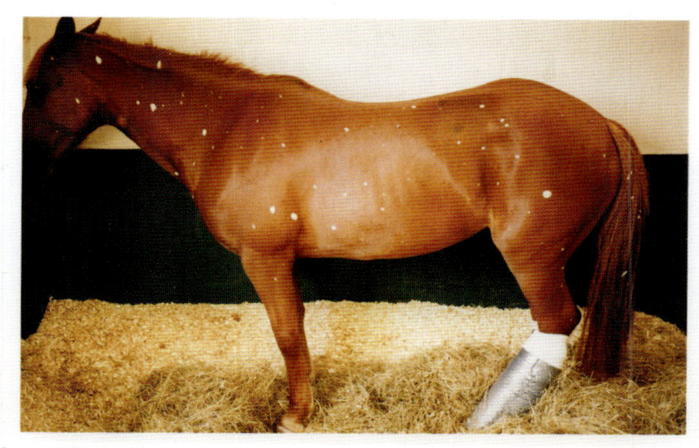

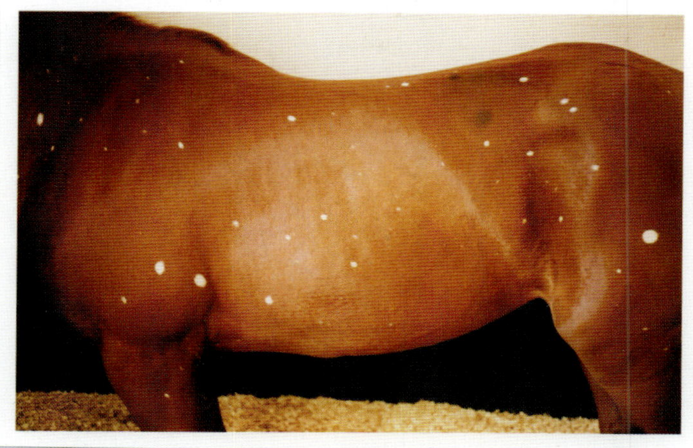

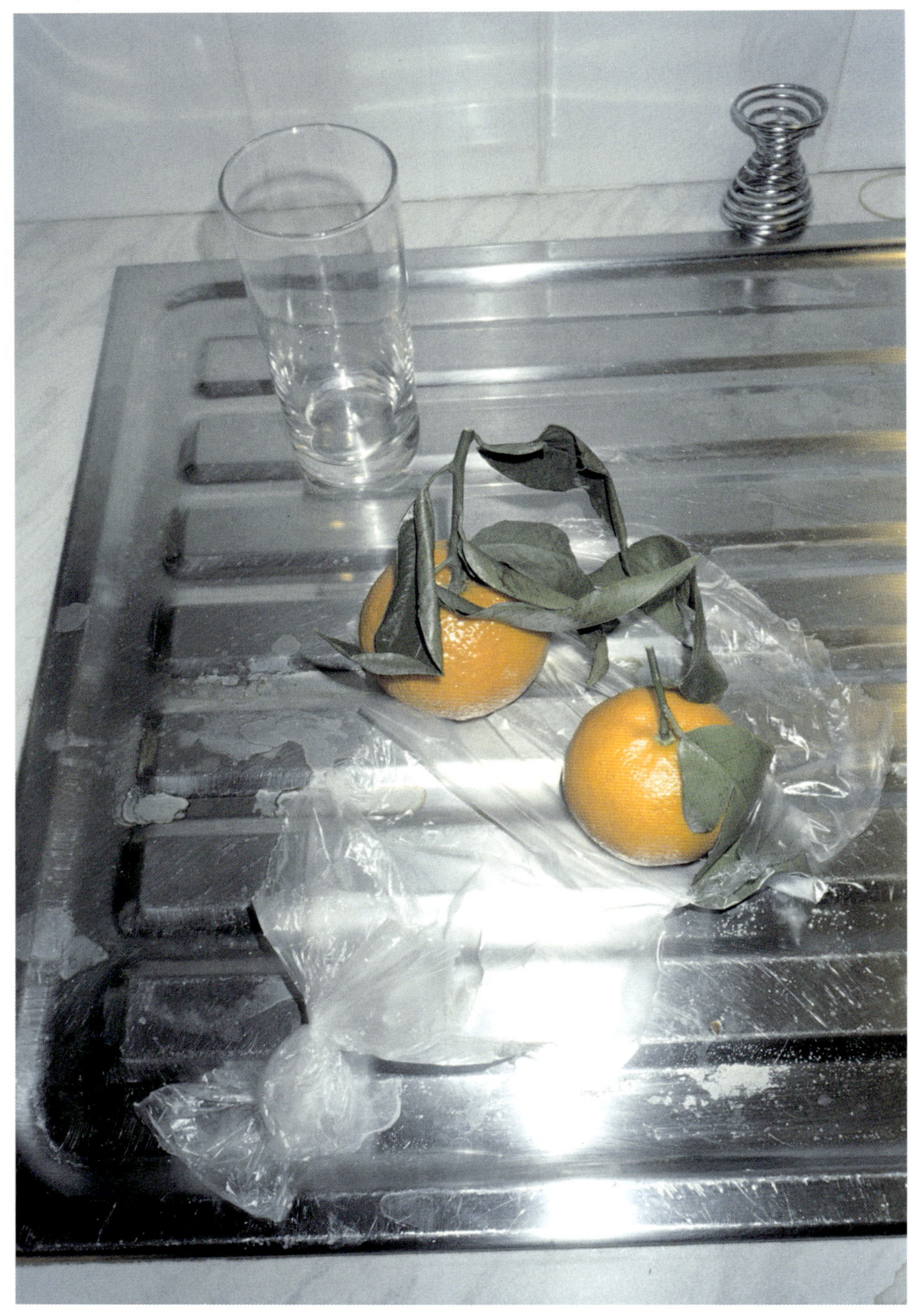

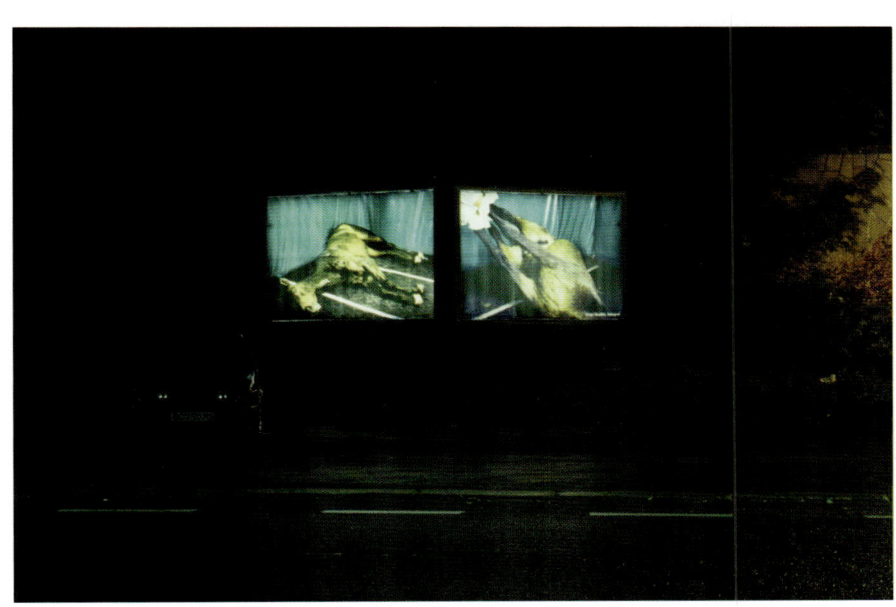

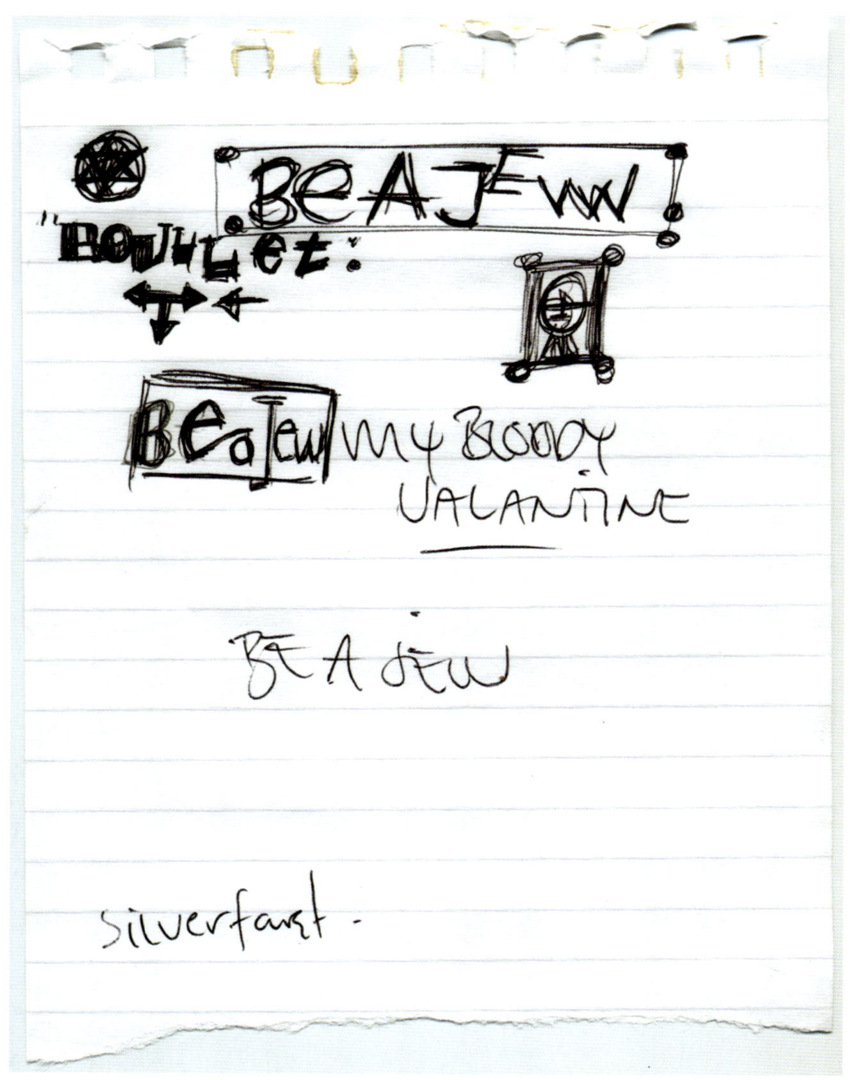
BE A JEW!
"BOULLET:"
BE a JEW MY BLOODY
VALANTINE
BE A JEW
silverfart.

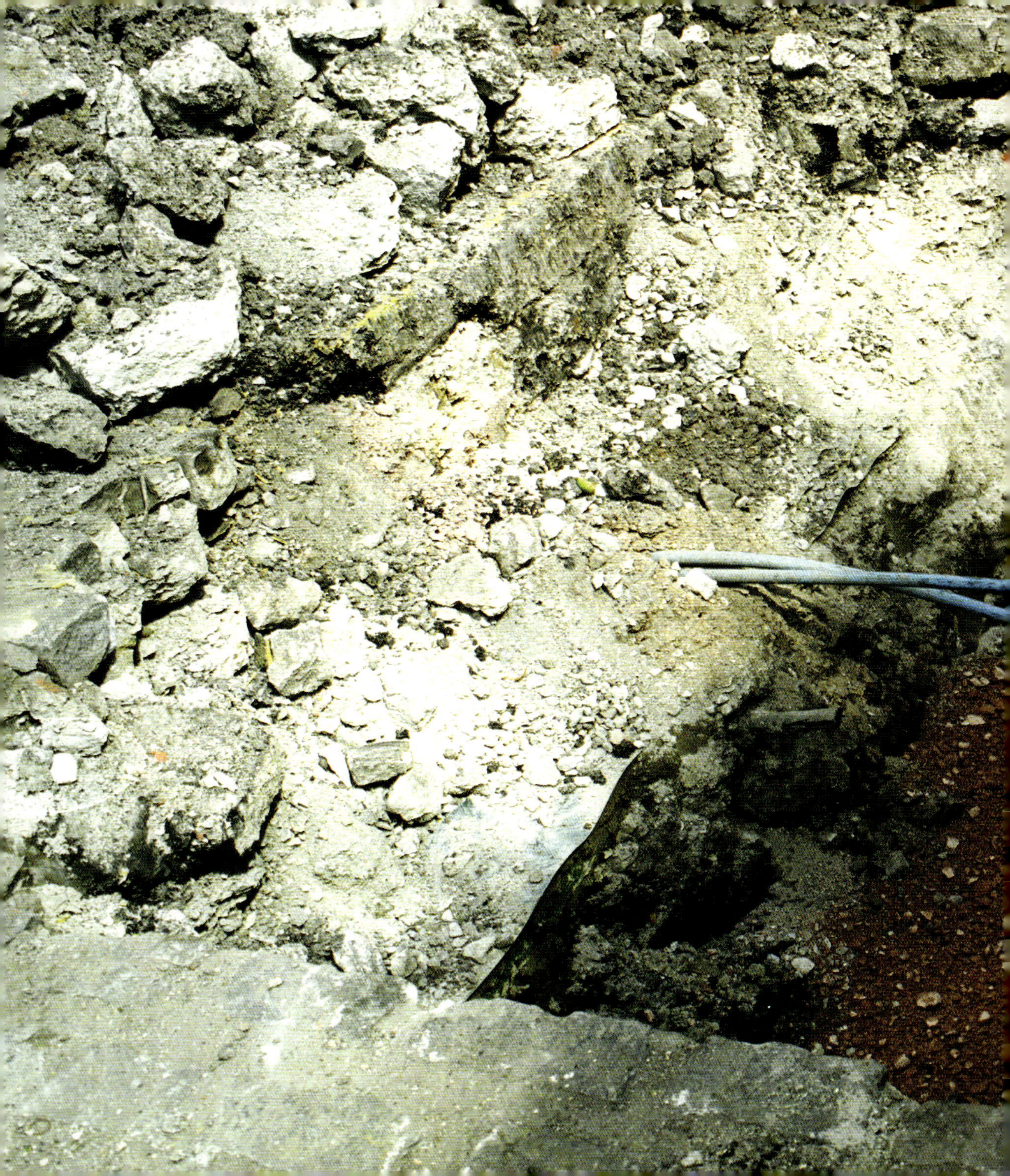

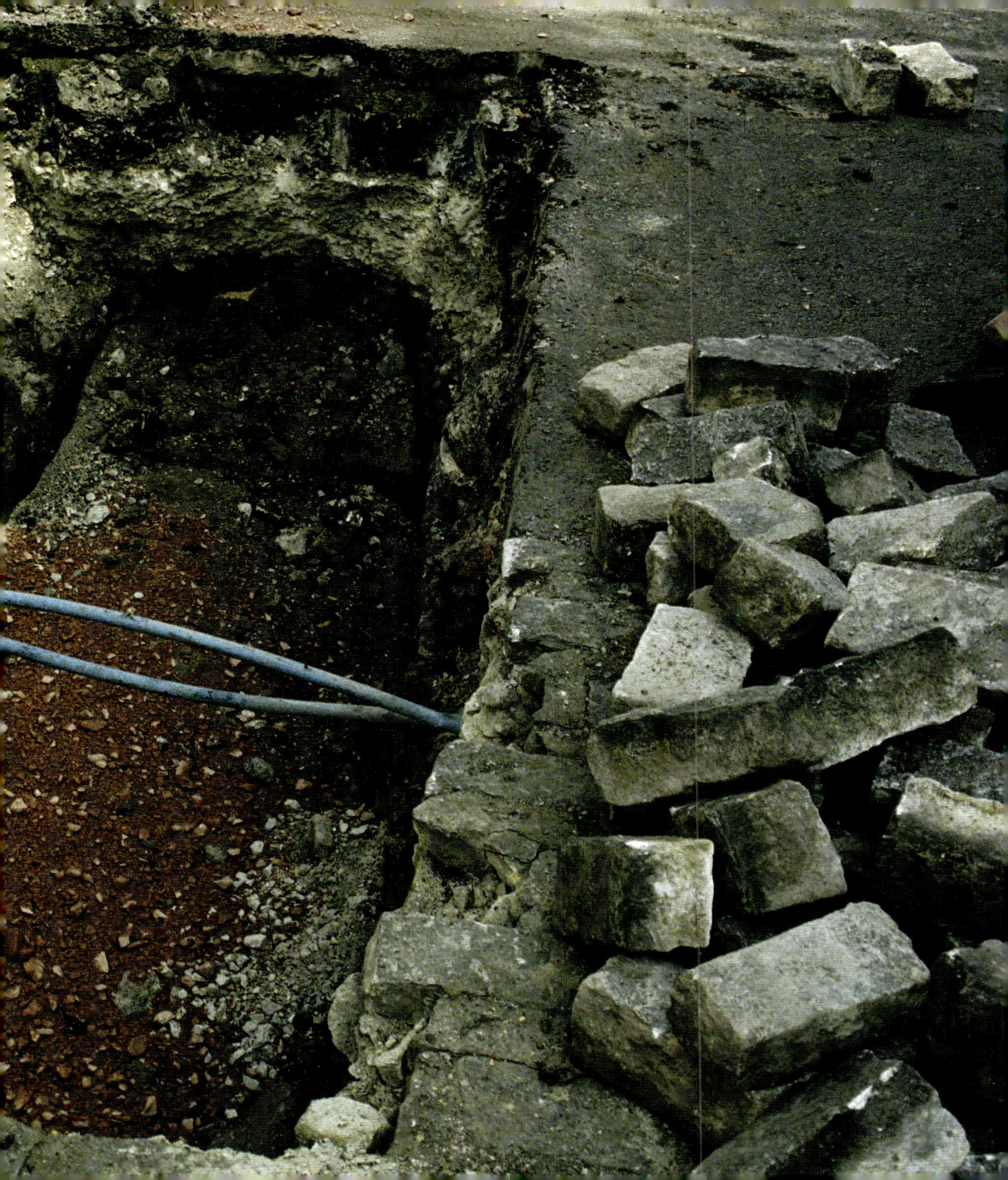

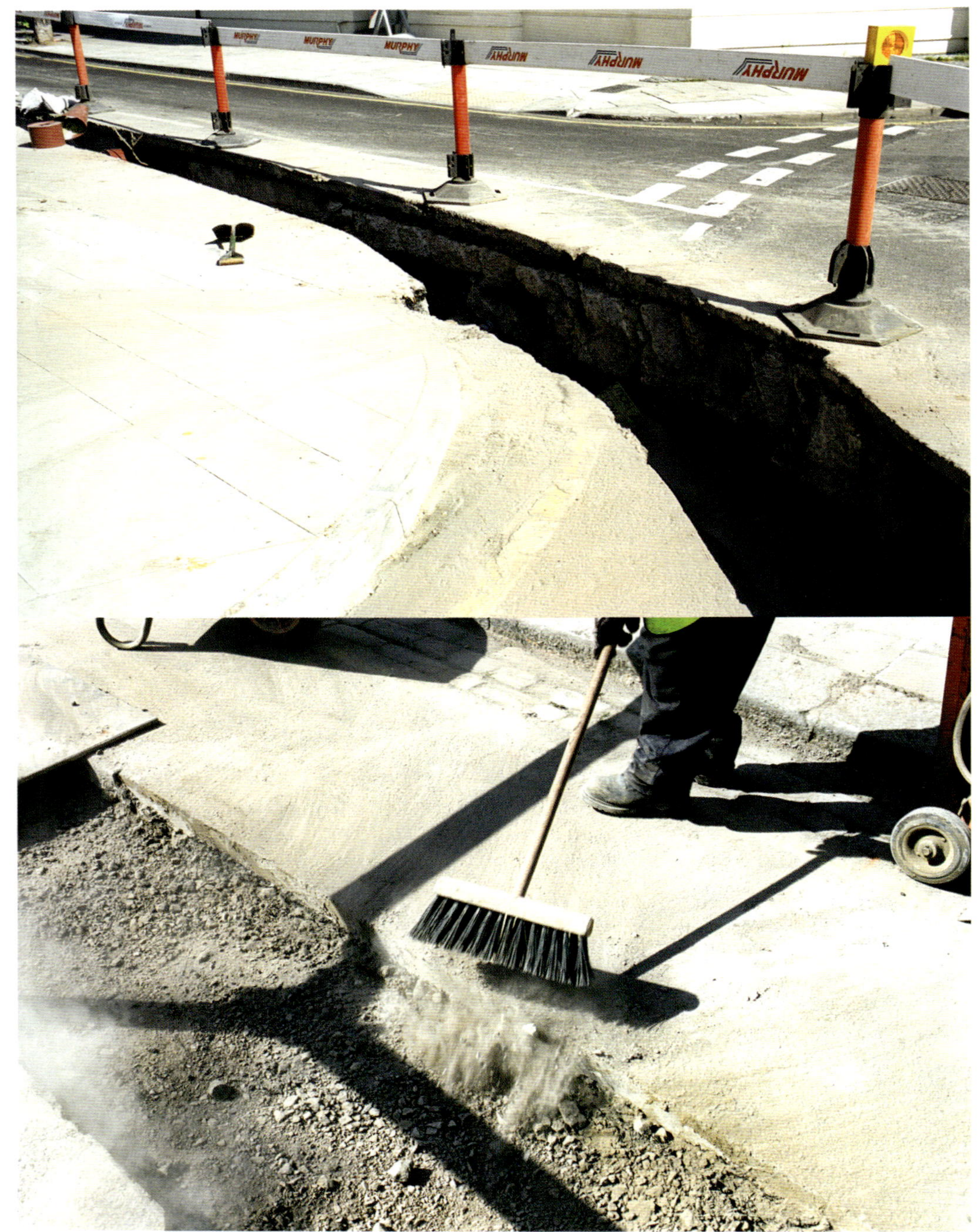
MURPHY

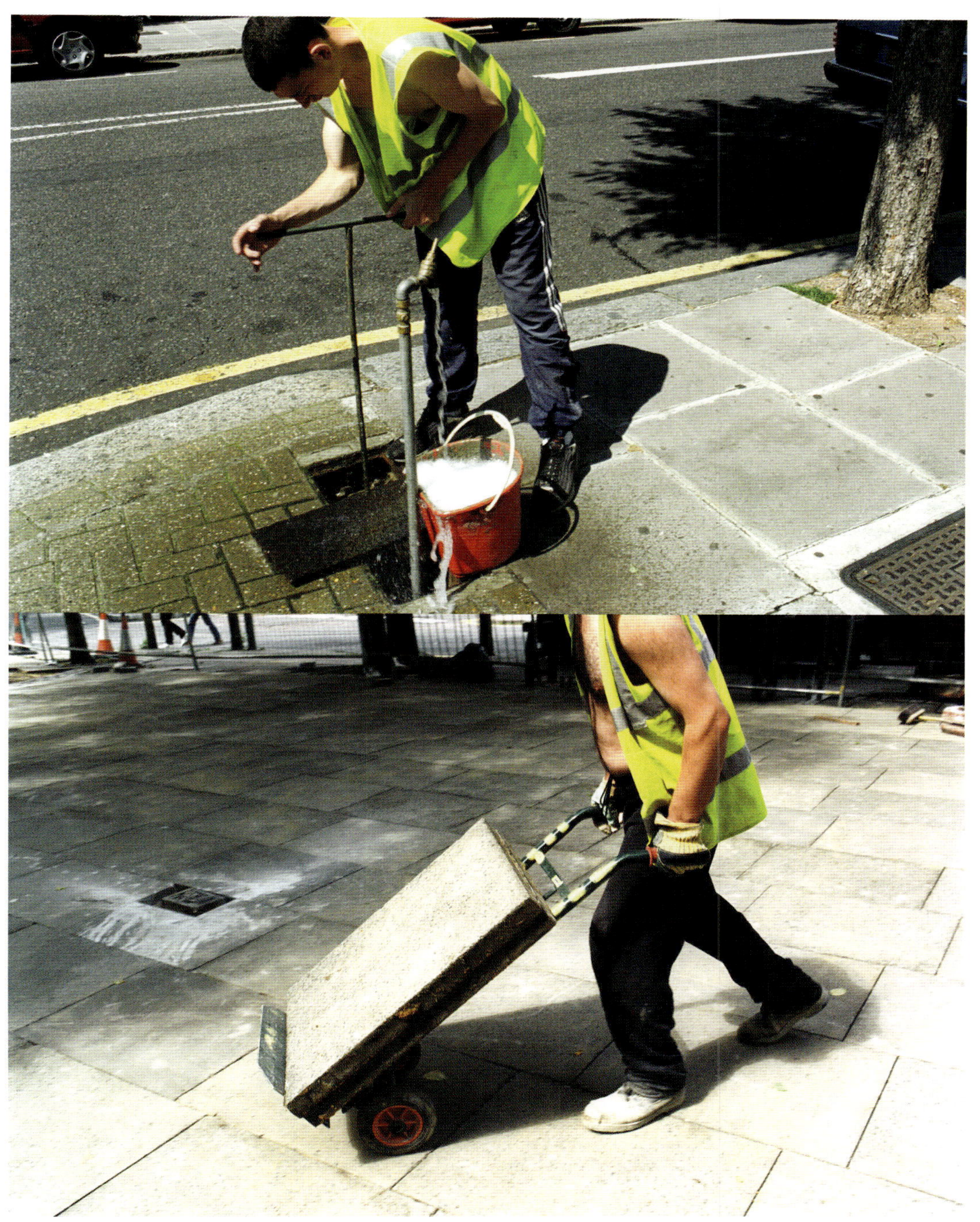

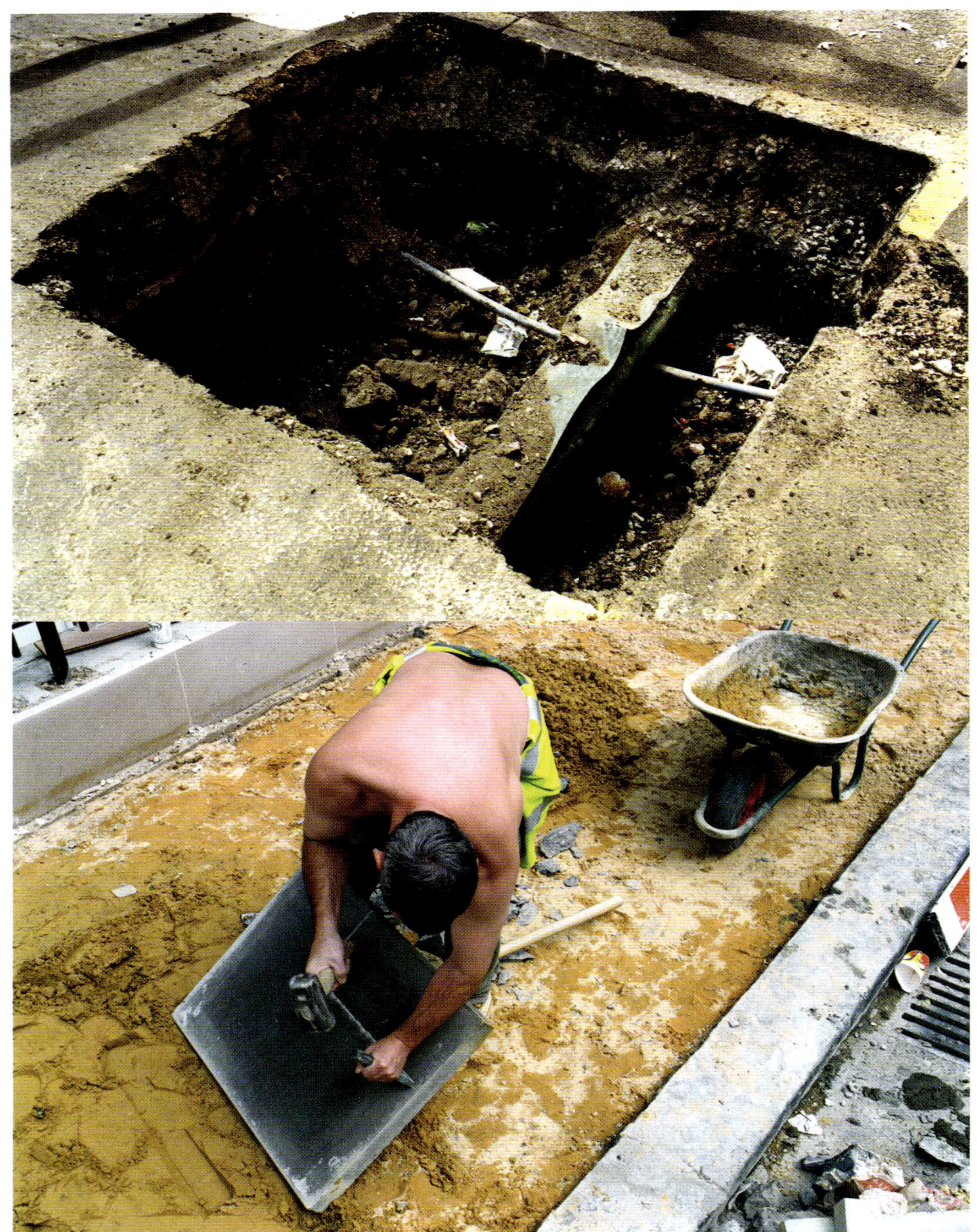

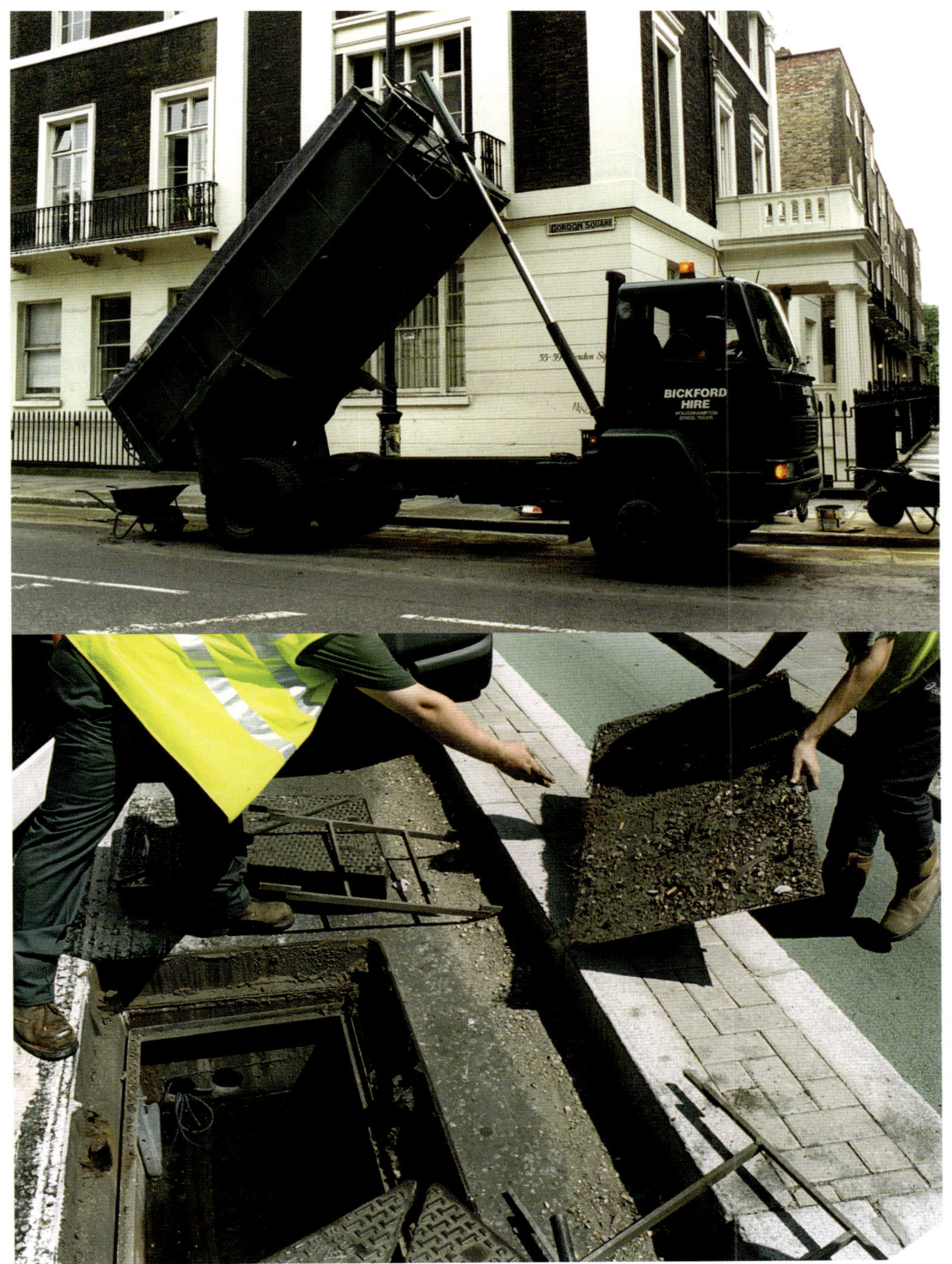
GORDON SQUARE
BICKFORD
HIRE

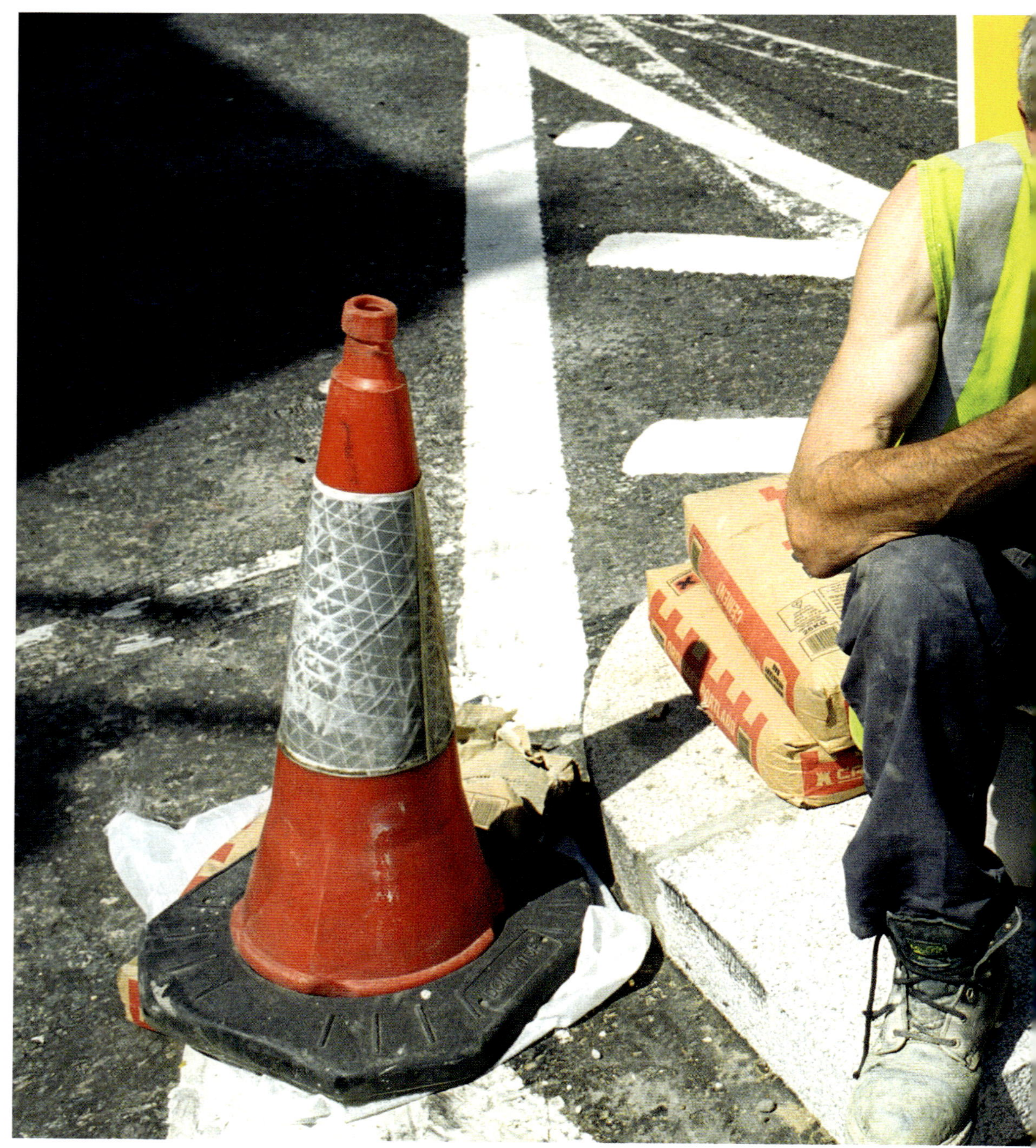

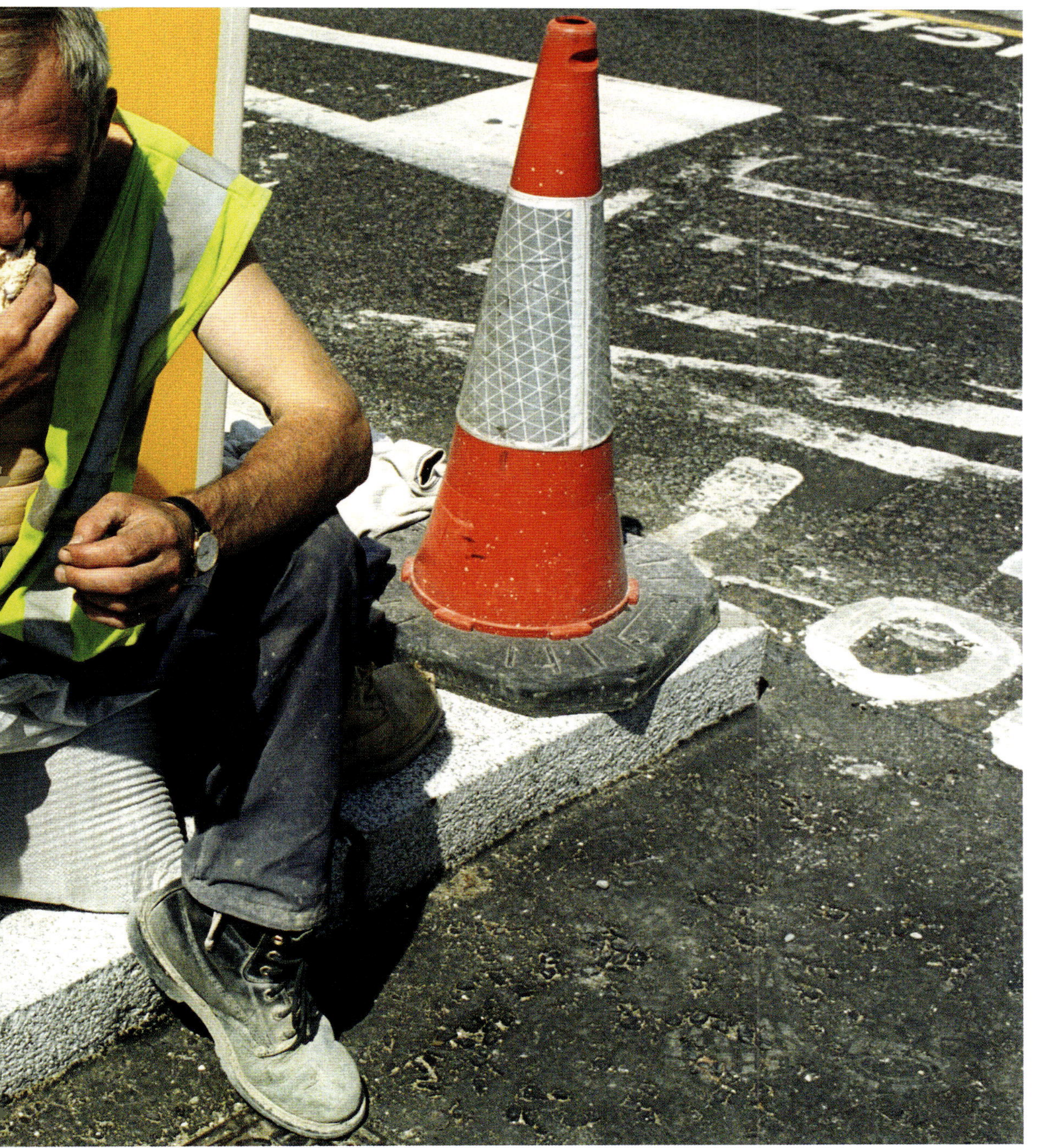

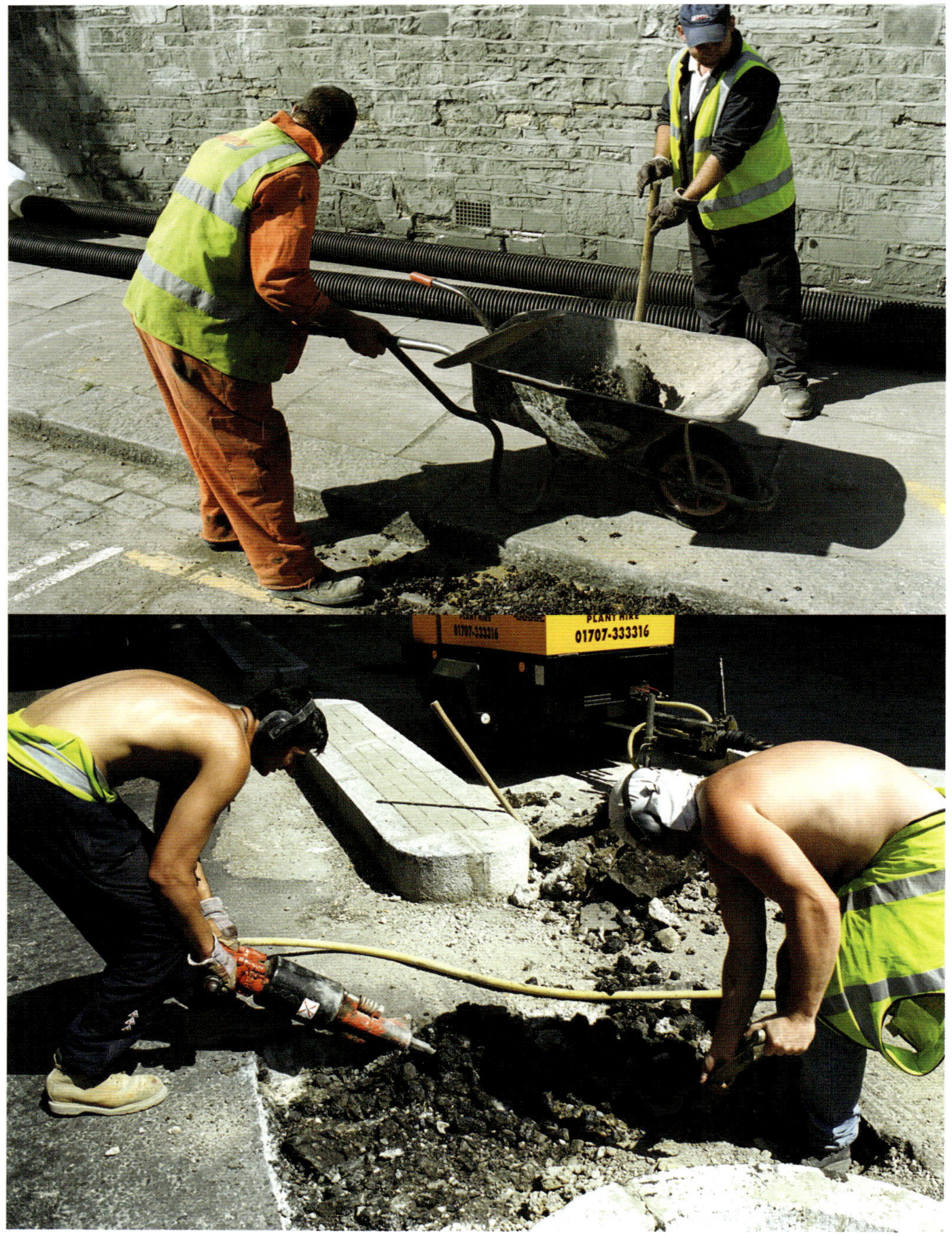
PLANT HIRE
01707-333316

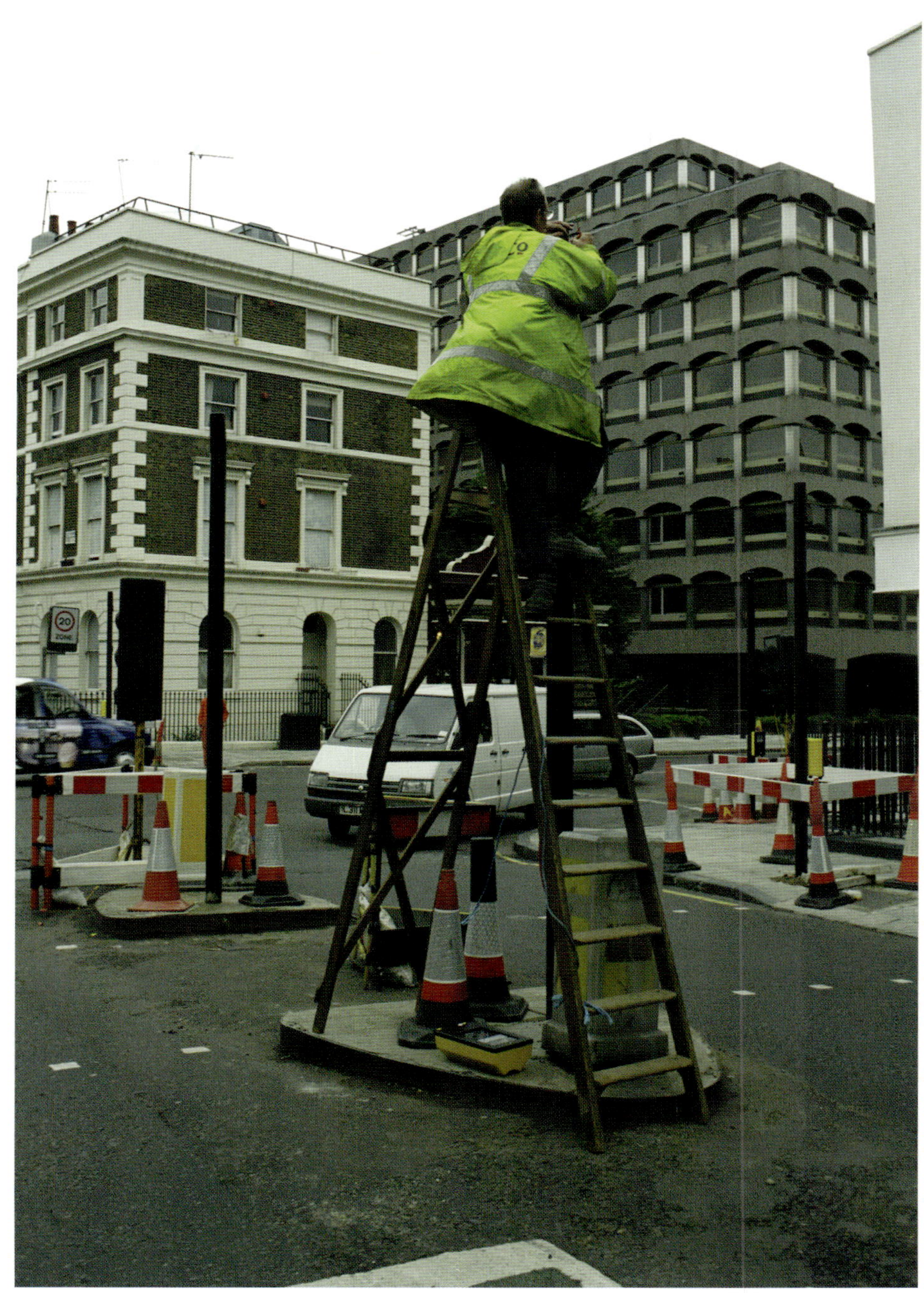
20
ZONE

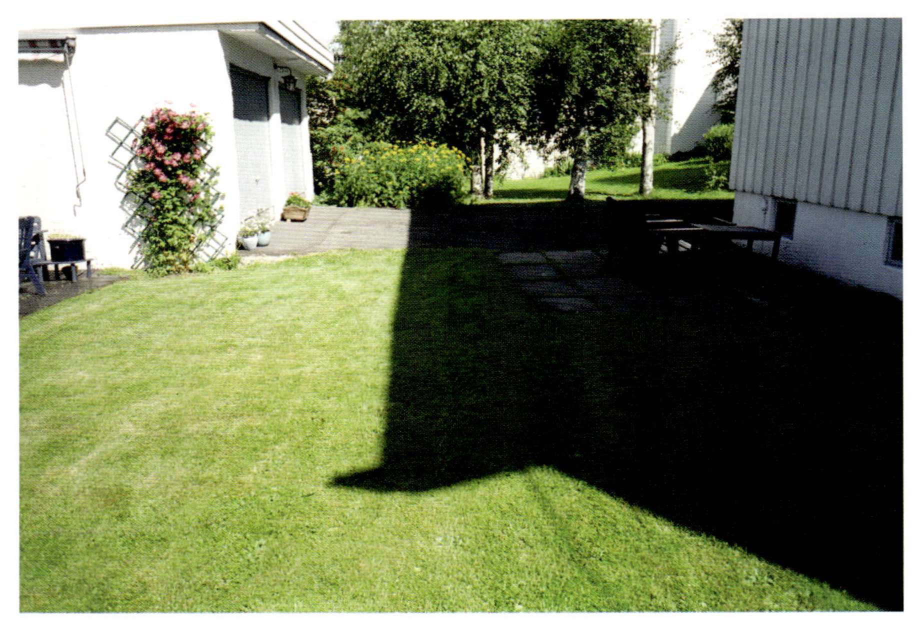

a joyful confusion

a.k.a (also known as)

I would like to thank:

Cribe
ROH
Robert Meyer
Clementine Deliss
Bjarne Melgaard
Edda Jonsdottir
i8 galleri
Han Nefkens
AK Dolven
Jonas Ekeberg
Atle R. Carlsen
Minster Equine Clinic
Steven Gandolfi

And a very special thanks to
Börkur Arnarson

This book is dedicated to Summer and Lauren

www.victorboullet.com
book@boullet.com

Published by Lauren Monchar
Designed by Börkur Arnarson
First Edition
Printed in Italy

Cover: awakening 2002

isbn: 0-9544016-0-3

London 2002